知って得する見分け方

福祉用具の給付と選定

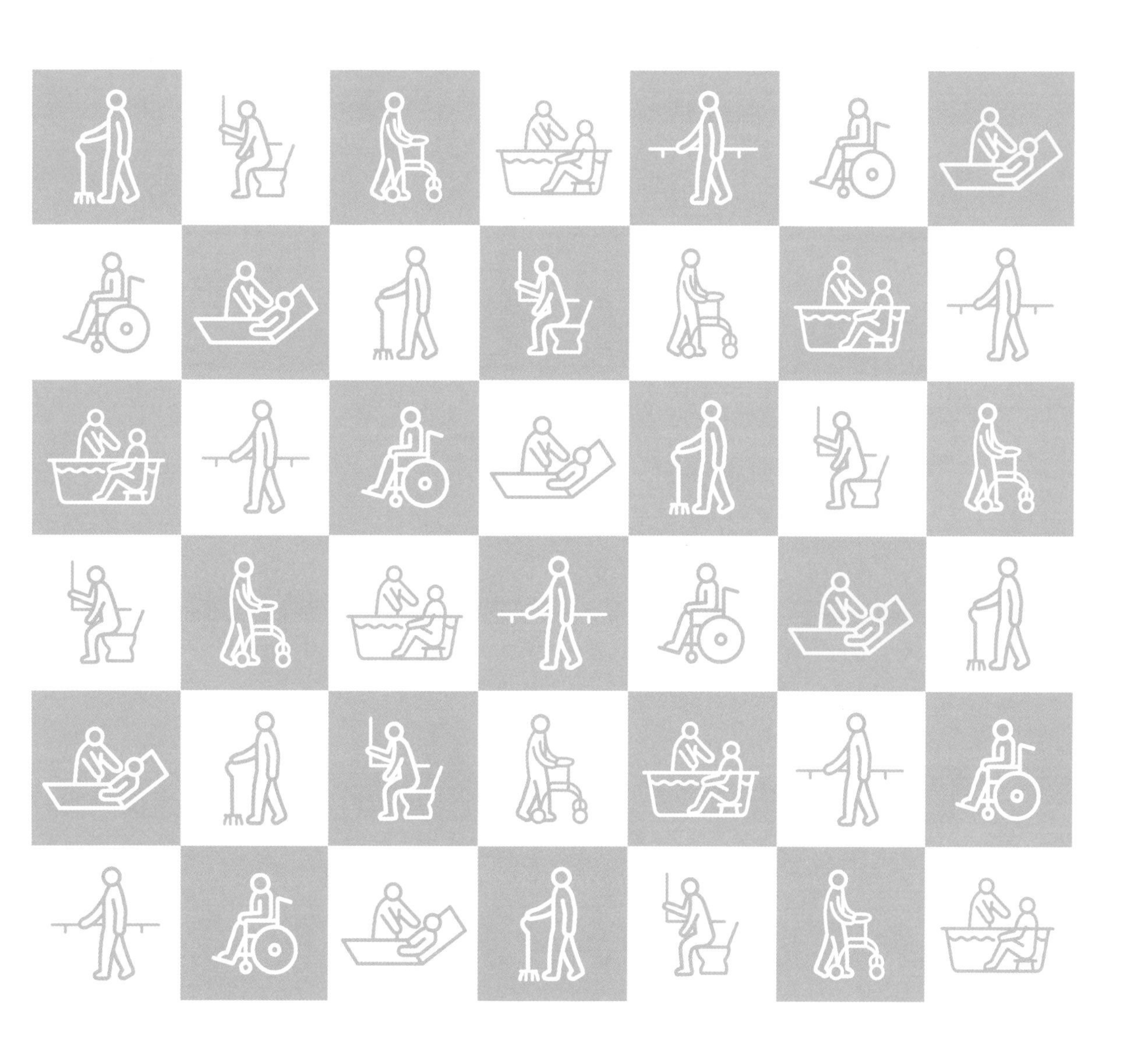

はじめに

我が国では、今後さらに、要介護高齢者の増加、社会的な介護力の低下、介護ニーズの多様化が進み、介護に関する課題の急増が予測されており、要介護者の自立や介護従事者の負担軽減が求められています。2013（平成25）年６月に「職場における腰痛予防対策指針」が19年ぶりに改定され、介護現場での腰痛の労災が多発していることから、介護事業者向けの対策を大幅に加え、人力による人の抱き上げを原則禁止しています。

介護負担の軽減や支援の効率化の視点から、福祉用具の積極的及び効果的な活用が求められています。それらの現状から福祉用具の利用とサービスの質の向上への期待が高まっています。中でも利用者の状況に応じた福祉用具の選定、適合が重要となっています。それを担うのが福祉用具専門相談員と介護支援専門員です。より専門的な対応については、2012（平成24）年４月より福祉用具専門相談員による「福祉用具サービスの計画」の作成が義務づけられました。

福祉用具サービス計画については、指定居宅サービス等の事業の人員、設備及び運営に関する基準によれば、「利用者の希望、心身の状況及びその置かれている環境を踏まえ指定福祉用具の貸与の目標、当該目標を達成するための具体的なサービス内容を記載したもの」となっています。また、「既に居宅サービス計画が作成されている場合は、当該居宅サービス計画の内容に沿って作成しなければならない」と記されています。これは介護支援専門員との連携を前提としており、ケアプランに沿った福祉用具サービス計画を作成することが義務づけられ、福祉用具専門相談員は、介護支援専門員と連携を図り、アセスメントや福祉用具サービス計画の作成を行うことになります。

アセスメントにおいては、利用者の希望、心身の状況及びその置かれている環境を確認し、生活上の課題解決に向けて福祉用具の情報収集と選択・プランニングを行います。その時の選択・プランニングを行う上での情報収集としては以下の通りです。

①　利用者本人の状況と家族の同意

福祉用具を選択するに当たっては、利用者本人の身体状況の把握や本人の意思の尊重を考えて、家族や同居者の同意を得ます。すなわち本人や家族の思い、使おうとしている目的と合っているかどうかを確認し、福祉用具の導入によって家族の生活の快適さが失われることのないように注意します。

②　使用条件と生活条件との整合性

使用する用具の具体的な特徴を踏まえ、利用者本人の身体機能だけ考えるのではなく生活をどのように組み立てていくのかを本人の能力と照らし合わせながら考えていきます。

その基本は、安全性の配慮が十分行き届いているかを確認して、適切な福祉用具を選択します。介護者についても、介護者の能力と福祉用具の使い方の整合性が大切です。また、住環境についても考慮が必要です。住宅改修を行うことで使いやすくなる福祉用具や既存の住宅に合わせた福祉用具もあります。

③　試用

福祉用具は使用する場所、利用者本人の生活環境に左右されます。自立支援の観点から日々の生活をしている環境の中で実際に試すことによって、適合が図られます。使い方を習熟してもらい福祉用具の効果と限界を知ってもらう必要があります。

④　社会資源と費用負担

地域の施設や人的資源についても調べておく必要があります。介護保険での貸与・購入などの負担と介護保険以外の場合についても調べておく必要があります。特に、地域の施設や人的資源についても同様です。

以上を踏まえて、福祉用具サービスを提供することで、利用者の日常生活に対する意欲が向上し、利用者の主体性が尊重されエンパワメントの向上に繋がることが期待されます。これらを通しての視点は、あくまでも自立支援であり自己決定の支援です。

福祉用具専門相談員は、①情報提供はわかりやすく　②利用者が望まないサービスへの確認　③介護保険以外の社会資源の可能性　などを専門的立場から助言を通していくことが福祉用具サービス計画をより実効性のあるものにしていくと思われます。

本書の内容は、介護保険の貸与・購入、高齢者の日常生活用具と障害者の補装具給付、日常生活用具の給付事業について説明することにします。とりわけ、介護保険制度における福祉用具の貸与の利用割合は、手すり、特殊寝台、車いす（付属品含む）の順に、全体の７割を占めていることもあり、３機種を中心として選定の基準となるような説明をしています。

本書に掲載されている製品の情報・写真は2023年３月時点のものです。
製品の詳細や最新情報は各社ホームページなどでご確認ください。

目　次

第1章　福祉用具の給付・制度

1　福祉用具の給付事業（高齢者関係）

1　福祉用具貸与

福祉用具貸与とは、**利用者（要介護者、要支援者）ができる限り自宅で自立した日常生活を送ることができるよう、福祉用具の利用を介護保険で支援するサービス**です。介護保険法では、福祉用具を「心身の機能が低下し、日常生活を営むのに支障があり要介護者などの日常生活上の便宜を図るための用具及び要介護者などの機能訓練のための用具であって、要介護者の日常生活の自立を助けるもののうち厚生労働大臣が定めるもの」と規定しています。

介護保険制度においては、在宅サービスの１つとして、福祉用具の貸与・購入費の支給が行われます。これは、身体状況、介護の状況変化において、必要に応じて用具の交換ができるとの考えから貸与による方法を原則としています。

福祉用具貸与とは、居宅介護者を原則としており、医療保健福祉審議会老人保健福祉部会（第14回）において、考え方が提示され、介護保険制度における福祉用具の範囲が示されています。

①　要介護者などの自立促進または介護者の負担軽減を図るもの。

②　要介護者などでないものも使用する一般の生活用品ではなく、介護のために新たな価値付けを有するもの。

③　治療用など医療の観点から使用するものではなく、日常生活の場面で使用するもの（例えば、吸入器、吸引器は対象外）。

④　在宅で使用するもの（例えば、特殊浴槽などは対象外）。

⑤　起居や移動などの基本動作の支援を目的とするものであり、身体の一部の欠損または低下した特定の機能を補完することを主たる目的とするものではなく、日常生活場面で使用するもの。

⑥　ある程度の経済的負担感があり、給付対象とすることにより利用促進が図られるもの（一般的に低い価格のものは対象外）。

⑦　取り付けに住宅改修工事を伴わず、賃貸住宅の居住者でも一般的に利用に支障のないもの（例えば、天井取り付け型天井走行リフトは対象外）。

また、指定居宅サービスとしての福祉用具貸与の事業は、「要介護状態となった場合においても、可能な限りその居宅において、その有する能力に応じ自立した日常生活を営むことができるよう、利用者の心身の状況、希望及びその置かれている環境を踏まえた適切な福祉用具の選定の援助、取り付け、調整を行い、福祉用具を貸与することにより、利用者の日常生活上の便宜をはかり、その機能訓練をするとともに、利用者を介護するものの負担の軽減を図るものでなければならない」と規定しています。

貸与に係る、福祉用具の種目は、車いす、車いす付属品、特殊寝台、特殊寝台付属品、床ずれ防止用具、体位変換器、手すり、スロープ、歩行器、歩行補助つえ、認知症老人徘徊感知器、移動用リフト（つり具の部分を除く）、自動排泄処理装置の13種目に分けられます。

① 車いす

自走用標準型車いす、介助用標準型車いす、普通型電動車いす

② 車いす付属品

クッション、電動補助装置等であって、車いすと一体的に使用されるもの

③ 特殊寝台

サイドレールが取り付けてあるものまたは取り付け可能なものであって、次のいずれかの機能を有するもの

・背部もしくは脚部の傾斜角度を調節する機能を有するもの
・床の高さを無段階に調節する機能を有するもの

④ 特殊寝台付属品

マットレス、サイドレール等であって、特殊寝台と一体的に使用されるものに限る

⑤ 床ずれ防止用具

次のいずれかに該当するもの

・エアマットと送風装置または空気圧調整装置からなるエアパッド
・水などによって減圧による体圧分散効果をもつ全身用のウォーターマット等

⑥ 体位変換器

空気パッド等を身体の下に挿入することにより要介護者等の体位を容易に変換できるもの（体位の保持のみを目的とするものを除く）

⑦ 手すり

取り付けに際し工事を伴わないものに限る

⑧ スロープ

段差解消のためのものであって、取り付けに際し工事を伴わないものに限る

⑨ 歩行器

歩行が困難な方の歩行機能を補う機能を有し、移動時に体重を支える構造を有するものであって、次のいずれかに該当するもの

・車輪を有するものにあっては、身体の前及び左右を掴む把手等を有する

・四脚を有するものにあっては、上肢で保持して移動させることが可能なもの

⑩　歩行補助つえ

松葉つえ、カナディアン・クラッチ、ロフストランド・クラッチ、プラットホームクラッチまたは多点つえに限る

⑪　認知症老人徘徊感知器

要介護者等が屋外へ出ようとした時等、センサーにより感知し、家族及び隣人へ通報するもの

⑫　移動用リフト（つり具の部分を除く）

床走行式、固定式または据置式であり、身体を吊り上げまたは体重を支える構造を有するものであって、その構造により、自力で移動が困難な方の移動を補助する機能を有するもの（取り付けに住宅の改修を伴うものを除く）

⑬　自動排泄処理装置

尿または便が自動的に吸引されるものであり、かつ、尿や便の経路となる部分を分割することが可能な構造を有するものであって、居宅要介護者またはその介護を行う方が容易に使用できるもの

また、上記⑦～⑩の品目以外は、原則として要介護２以上の方のみが貸与の対象となります。上記⑬の品目は、原則として要介護４以上の方のみが貸与の対象です。

②④の一体的に使用されるものについては、介護保険の給付を受けているか否かに係らず、付属品のみの貸与について保険給付を受けることができます。（区市町村の判断）

福祉用具の選定については、定期的な追加用具があり自動制御機能付き歩行器や排泄予測支援機器などの次世代介護機器と呼ばれる福祉用具も認められています。

福祉用具貸与の際には、介護支援専門員によるサービス計画書の中に位置づけるとともに、以下の４つに対して留意すると同時に、福祉用具専門相談員との協働にて、「福祉用具サービス計画書」を作成します。

①　利用者の心身の状況・希望・環境を踏まえ、福祉用具を適切に選択・使用できるように相談し、文書で福祉用具の機能・使用方法・使用量などについて説明を行い、福祉用具の貸与についての利用者の同意を得ます。

②　福祉用具の機能・安全性・衛生状態に関しての点検を行います。

③　利用者の身体状況に応じて調整を行い、使用方法・留意事項・故障などの対応を記載した文書で十分に説明する。（利用者が理解した上でサイン等をもらう）また、実際に使用してみることも大切です。

④　利用者からの要請に応じて、使用状況を確認し、必要な場合には、使用方法の指導も行います。

介護保険における福祉用具貸与の場合は、要介護度別に定められた限度額の範囲内で福

祉用具を利用でき、限度額以上のサービス利用については、自己負担になります。

福祉用具の貸与を利用するには、以下の通りです。

① 介護保険の要介護認定を受けている方が、介護支援専門員に相談・申し込みを行います。

② 介護支援専門員などによるアセスメントにより問題の特定、ニーズの把握を行います。

③ サービス担当者会議（各サービス提供者、利用者、家族などの参加による意見交換）を開催して、福祉用具をケアプランの中に位置づけます。

④ 利用者が福祉用具貸与事業者と貸与契約を結び貸与されます。

利用者は、毎月福祉用具の貸与に要する額については、１割負担が基本ですが、一定以上所得者は所得に応じて２割または３割が自己負担となります。

また、2006（平成18）年度より、福祉用具サービス制度が変更され、2007（平成19）年度に一部見直しが行われ、要支援１、２及び要介護１の方については、その状態から利用が想定しにくい車いすなどの種目について、原則として貸与の対象外とされています。福祉用具の給付を行う場合の標準的な目安（ガイドライン）が示されています。

しかしながら、福祉用具を必要とする状態であることが、介護認定調査結果を基に判断された場合、認定調査結果がない場合でも適切なケアマネジメント（サービス担当者会議において、福祉用具の有用性を協議し、保険者が認めた場合）により判断された場合は、例外的に貸与することができます。また、疾病その他の原因により、医師の判断、ケアマネジメントでの判断、市町村の確認があれば貸与することが可能な場合もあります。（状態の変化、急性増悪、医師の禁忌）すなわち、「使用が想定しにくいとされる場合」であっても、個別の利用者の生活環境や解決すべき課題等によっては、使用が考えられることもあります。

2012（平成24）年４月から、福祉用具貸与や特定福祉用具販売については、福祉用具専門相談員が利用者ごとに「福祉用具貸与サービス計画」または「特定福祉用具販売サービス計画」（介護予防を含む）を作成することが義務づけられました。おおむね６か月を基本として見直しを行います。福祉用具の新規貸与、販売時、あるいは用具の変更を行う時に計画の作成が必要です。

2　福祉用具の購入（販売）

福祉用具購入は、要介護、要支援の認定を受けた方が、特定福祉用具販売事業者から福祉用具を購入した場合で、申請によりその福祉用具が「特定福祉用具」であり、被保険者の日常生活の自立を助けるために必要である場合に、居宅介護（介護予防）福祉用具購入費として支給限度額の範囲内（年度内10万円までの９割、所得によって８～７割）において、その費用の一部が給付されます。利用者が費用の全額をサービス提供事業者にいったん支払い、その後、申請を行い、保険者である市区町村から、その費用の９割（所得によって８～７割）の現金の償還（払い戻し）を受けることができます。

指定福祉用具の購入による対象品目は、６種目になります。

①　腰掛便座

和式便器の上に置いて腰掛け式に変換するもの。洋式便器の上に置いて高さを補うもの。電動式またはスプリング式で便座から立ち上がる際に補助できる機能を有しているもの。便座・バケツなどからなり、移動可能な便器（居室で利用可能なもの）。

②　自動排泄処理装置の交換可能部品

尿及び便が自動的に吸引されるもので居宅要介護者など、またはその介護を行うものが容易に使用できるもの。(特殊尿器)

③　排泄予測支援機器

膀胱内の状態を感知し、尿量を推定するものであって一定の量に達したと推定された際に、排尿の機会を居宅介護者等またはその介護を行う者に通知するもの。

④　入浴補助用具

座位の保持、浴槽への出入りなど、入浴に際しての補助を目的とする用具であって、次のいずれかに該当するものに限ります。

（1）入浴用いす　（2）浴槽用手すり　（3）浴槽内いす　（4）入浴台

入浴台は、浴槽の縁に掛けて利用する台であって、浴槽への出入りをするものです。

（5）浴室内すのこ　（6）浴槽内すのこ　（7）入浴用介助ベルト

⑤　簡易浴槽

空気式または折りたたみ式などで容易に移動できるものであって、取水または排水のための工事を伴わないもの。

⑥　移動用リフトのつり具の部分

身体に適合するもので、移動用リフトに連結可能なもの。

過去に購入した福祉用具で福祉用具購入費を支給されているものと同一種目の場合は対象外となりますが、以下の理由により、同一種目であっても利用できる場合があります。

① 用途・機能が著しく異なる場合。

② 破損した場合。

③ 利用者の介護の程度が著しく高くなり、買い換えが必要になった場合。

また、福祉用具は貸与が基本であり、購入費を支給することは例外的な考えであると言えます。その理由として以下のことが挙げられます。

① 他人が使用したものを再利用することに心理的抵抗感を伴うもの。

② 直接肌に触れるもの（入浴・排泄用具など）

③ 使用により、元の形態・品質が変化し、再度利用ができないもの（移動用のリフトのつり具）

制度を利用するには、利用者が介護支援専門員に相談・申し込みをし、介護支援専門員は、福祉用具が必要な旨の記載と居宅サービス計画の立案を行います。それを基にして福祉用具販売事業者から福祉用具を購入します。2006（平成18）年度からは、福祉用具販売事業者には、福祉用具専門相談員を置くことになっています。

介護支援専門員は福祉用具専門相談員と協働して、「福祉用具個別サービス計画書」の作成に当たります。

支給申請は、特定福祉用具が必要な理由を記載した支給申請書に、領収書や福祉用具の概要を記載したパンフレットなどを添えて市町村に提出します。

また、介護保険における福祉用具の貸与及び購入については、市場の価格競争を通じて適切な価格による給付がされるように、保険給付における公定価格を設定せず、実際に要した費用の額により保険給付される仕組みとなっています。2018（平成30）年10月から福祉用具の全国平均貸与価格及び貸与価格の上限が厚生労働省より公表されています。これは極端に高い貸与価格を排除し、適切な貸与価格を確保することを目的としています。

（テクノエイド協会のTAISコード参照）
https://www.techno-aids.or.jp/system/index.shtml

3 高齢者日常生活用具

高齢者に対し、日常生活用具を給付することにより、自立した生活の確保や日常生活の便宜を図り、安心して在宅生活が送れるようにすることであり、外出や日常生活の安全性を高め、高齢者の積極的な社会参加の促進と介護予防の推進を図ります。区市町村事業のため、区市町村に問い合わせてください。

福祉用具の給付制度（障害者関係）

1 補装具の支給

補装具の支給に関して、従来、補装具の支給は、市町村と補装具製作（販売）業者が契約を結び、その業者から補装具が渡される仕組みになっていました。

障害者総合支援法では、障害者が事業者との契約により、補装具の購入及び修理のサービスを受けることになりました。

補装具は、障害者総合支援法の中の自立支援給付の１つであり、障害者が日常生活を送る上で必要な移動等の確保や、就労場面における能率の向上を図ること及び障害児が将来、社会人として独立自活するための素地を育成助長することを目的として、身体の欠損または損なわれた身体機能を補完・代替する用具［参考「補装具種目一覧」P.111を参照］について、同一の月に購入等に要した費用の額（基準額）を合計した額から、当該補装具費支給対象者等の家計の負担能力、その他の事情をしん酌して、政令で定める額※（政令で定める額が基準額を合計した額の百分の十を超える時は、基準額に百分の十を乗じた額）を控除して得た額（補装具費）を支給することになっています。

※政令で定める額…市町村民税世帯非課税者以外の者：37,200円。

補装具の購入または修理を希望する場合、市町村に費用支給の申請を行います。申請を受けた市町村は、更生相談所等の意見を基に、補装具の支給を行うことが適切と判断した場合は、補装具の支給決定を行います。その際、補装具の種目と金額の決定を行い、適切な事業者の選定に必要な情報を提供します。補装具費の支給決定を受けた利用者は、補装具製作（販売）業者と契約して、補装具の購入や修理のサービスの提供を受けます。

補装具については、以下の３つの要件を全て満たすものであると定義されています。

① 身体の欠損または損なわれた身体機能を補完・代替するもので、障害別に対応して設計・加工されたもの。

② 身体に装着（装用）して日常生活または就学・就労に用いるもので、同一製品を継続して使用するもの。

③ 給付に際して専門的な知見（医師の判定書または意見書）を要するもの。

2 障害者日常生活用具

市町村が行う地域生活支援事業の内、必須事業の１つとして規定しています。

障害者等の日常生活がより円滑に行われるための用具を給付または貸与すること等により、福祉の増進に資することを目的とした事業です。

障害者日常生活用具の要件として、以下の①～③の要件を全て満たすものであると定義されています。

① 障害者等が安全かつ容易に使用できるもので、実用性が認められるもの
② 障害者等の日常生活上の困難を改善し、自立を支援し、かつ、社会参加を促進すると認められるもの
③ 用具の製作、改良または開発に当たって障害に関する専門的な知識や技術を要するもので、日常生活品として一般に普及していないもの

種目や福祉用具の形状及び用途は、以下の要件を満たすものであると定義されています。（具体的な参考例として６種目42品目を国が示しています）

①**介護・訓練支援用具**　特殊寝台、特殊マットその他の障害者等の身体介護を支援する用具並びに、障害児が訓練に用いるいす等のうち、障害者等及び介護者が容易に使用できるものであって、実用性のあるもの

②**自立生活支援用具**　入浴補助用具、聴覚障害者用屋内信号装置その他の障害者等の入浴、食事、移動等の自立生活を支援する用具のうち、障害者等が容易に使用することができるものであって、実用性のあるもの

③**在宅療養等支援用具**　電気式たん吸引器、盲人用体温計その他の障害者等の在宅療養等を支援する用具のうち、障害者等が容易に使用することができるものであって、実用性のあるもの

④**情報・意思疎通支援用具**　点字器、人工喉頭その他の障害者等の情報収集、情報伝達、意思疎通等を支援する用具のうち、障害者等が容易に使用することができるものであって、実用性のあるもの

⑤**排泄管理支援用具**　ストーマ装具その他の障害者等の排泄管理を支援する用具及び衛生用品のうち、障害者等が容易に使用することができるものであって、実用性のあるもの

⑥**居宅生活動作補助用具（住宅改修費）**　障害者等の居宅生活動作等を円滑にする用具であって、設置に小規模な住宅改修を伴うもの。住宅改修場所については、介護保険の住宅改修場所と同じ。小規模改修（小修理）20万円。

なお、東京都においては、東京都単独事業として、浴槽（給湯器含む）、フラッシュベル、会議用拡聴器、携帯用信号装置、ガス安全システム、酸素吸入装置、空気清浄機、ルームクーラーなど８種目を対象としています。

また、住宅改修費においては、中規模改修として、641,000円の基準額があります。

いずれも、区市町村事業のため、区市町村に問い合わせてください。

第2章 福祉用具

第1節 福祉用具貸与

1 車いす

1-1 車いす利用のための基礎知識

車いすについて

座位をとることは全身機能の活性化に繋がります。しかし場合によっては、ご本人に苦痛や床ずれ（褥瘡）をつくることもあります。特に座位可能な方に対して長時間の同じ姿勢は注意が必要です。

車いすを選ぶに当たっては基本姿勢に近い座位がとれるようにしたいものです。

（90度ルール…股関節90度、膝関節90度、足関節90度）

基本姿勢に近く、体圧が分散され、体幹が安定し筋緊張なくリラックスできる車いすが理想的です。

そのためには適切な大きさの車いすの提供が欠かせません。座面が左右に大きすぎたり、お尻がバックサポートに届かないと体幹が揺れて不安定になったりします。

高齢者の使用する車いすでは、身体寸法と車いすサイズの関係が重要になってきます。

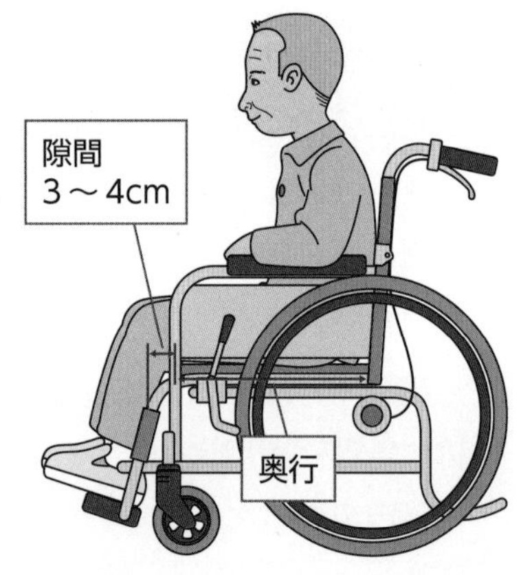

姿勢を考える

■ 座面の奥行

・シートの奥行が長すぎると骨盤が前方になり、背をバックサポートにもたせかけると骨盤が後傾、いわゆる「仙骨座り」になります。介助の際、座面の奥まで座らせるように心がけましょう。

・シート奥行が短すぎると膝が曲がった姿勢になり、体重を支える面積が小さくなり、疲れやすくなります。

・膝裏の隙間が3～4cmあると良いでしょう。

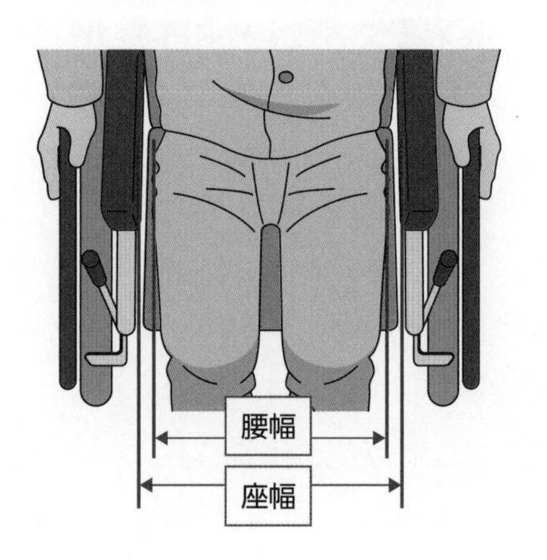

■ 座幅

・腰の両脇に手を入れてちょうど手が入る程度の余裕が一般的です。
・大きすぎると体幹が不安定になったり、手でハンドリムを回しにくくなったりします。
・座幅は腰幅より1.5cm程度ゆとりが欲しいです。

■ 座面の高さ

・移乗しやすさ、足での操作のしやすさ、座りやすさがポイントになります。
・座面が低いと、立ち上がりにくかったり、仙骨座りになりやすいので注意が必要です。
・座面の高さは、足をフットサポートに置いた状態で、床から膝裏までの高さより１～２cm低くした位が良いでしょう。

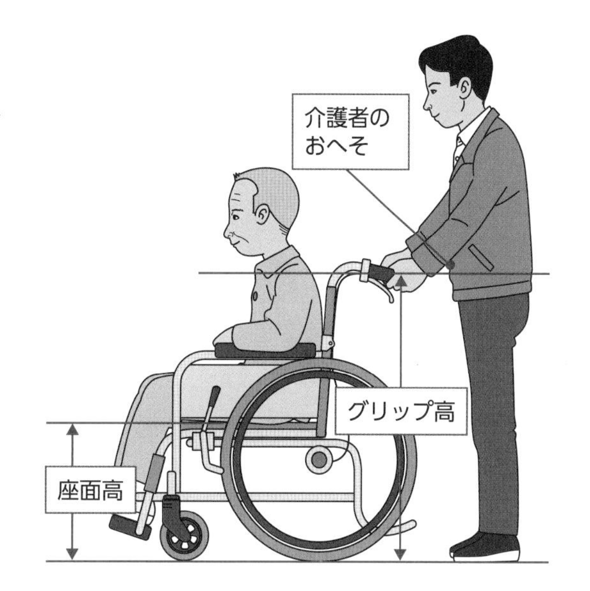

■ 押してグリップの高さ

・一般的には介護者のおへそのあたりが良いでしょう。

■ アームサポートの高さ

・腕を自然な状態で乗せた時の高さに合わせます。
・低すぎると、体幹保持能力が落ちてきた時、左右に傾きやすくなります。
・高すぎると、腕を乗せても肩が疲れます。
・座面から肘までの高さ＋クッションの厚さが必要になります。

■ バックサポート（背もたれ）の高さ

・背もたれの高さで、一般的には肩甲骨の下までを支えますが、体幹保持能力が低下した場合などには高くします。
・肩甲骨までカバーすると、肩関節の動きが制限され、こぎにくくなります。
・一般的には40～45cmになります。

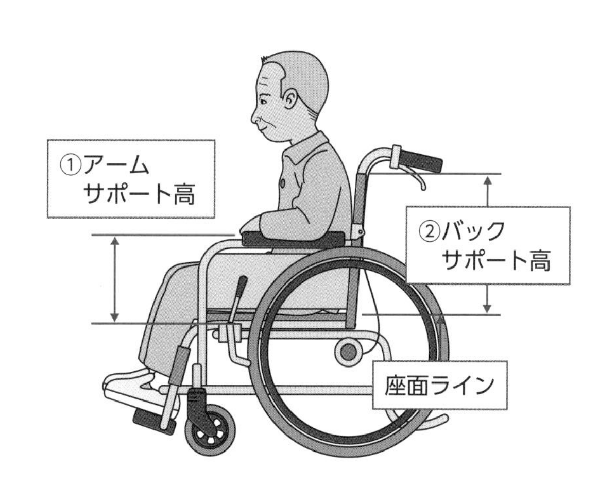

車いす各部の名称

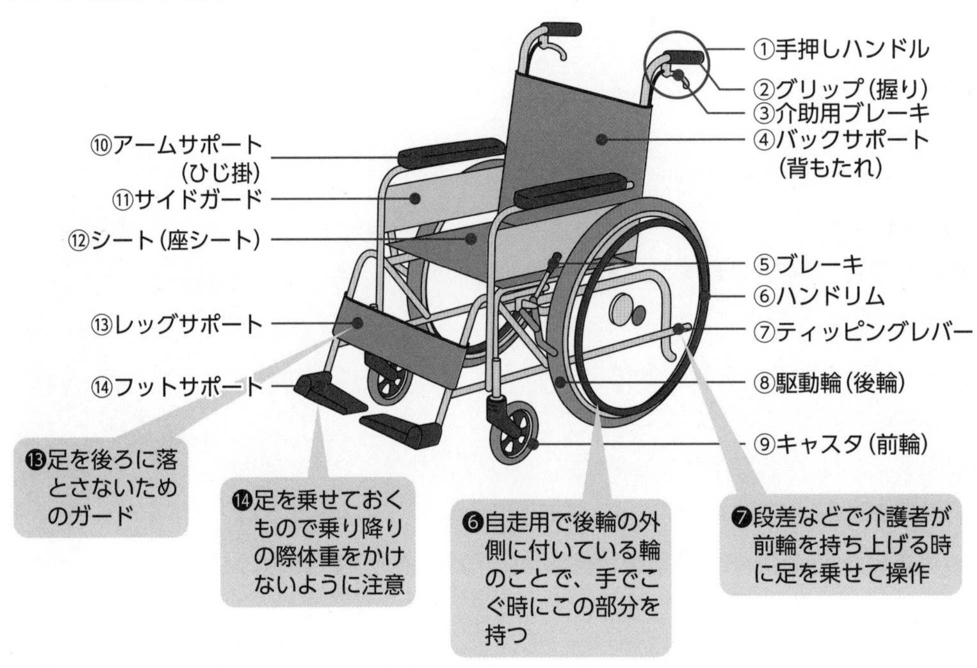

1-2 車いすの選び方のポイント

■車いすの選択フロー

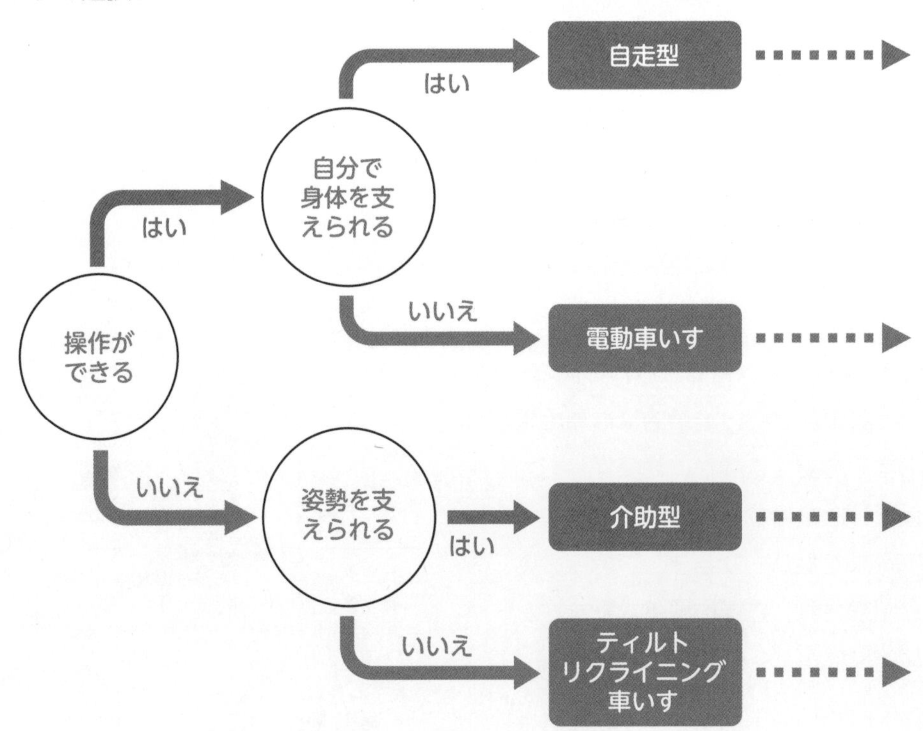

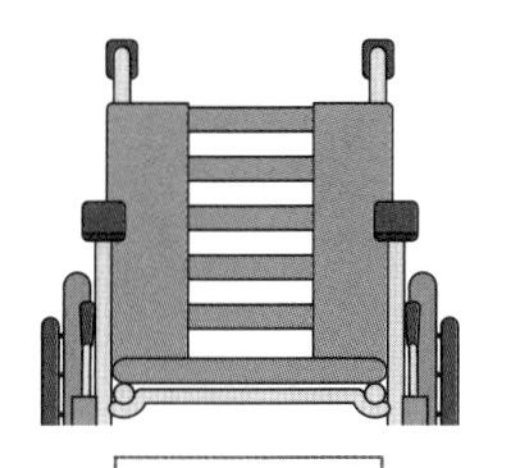

背張り調整

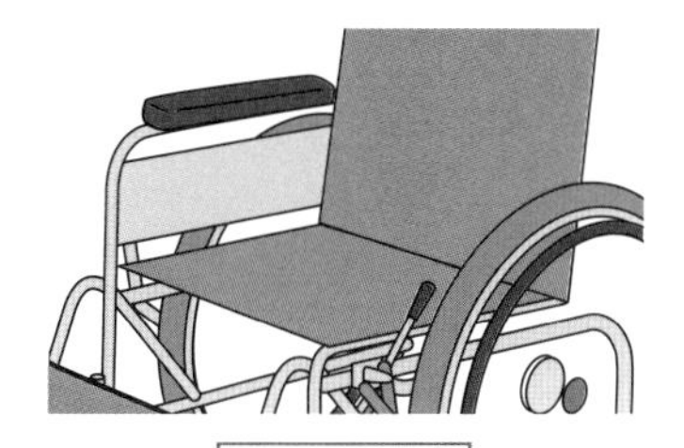

ひじ掛着脱

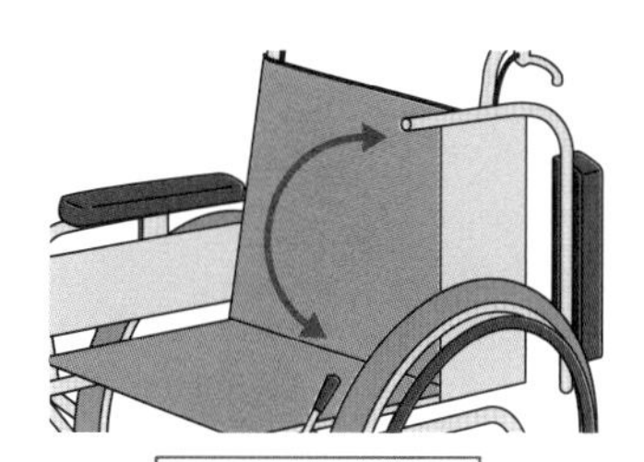

ひじ掛はね上げ

リクライニング機構
座面はそのままで背もたれ角度を変える

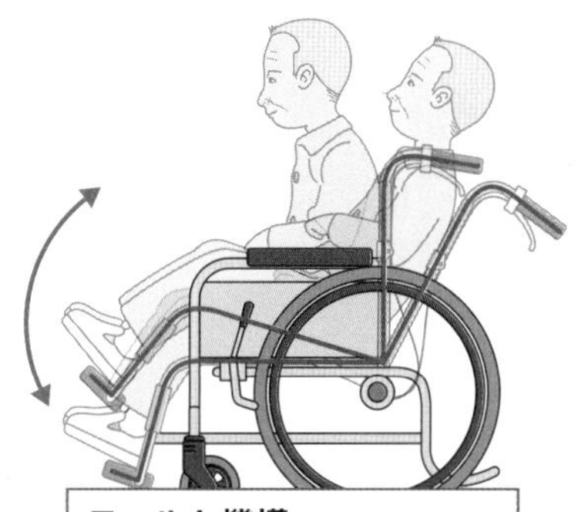

ティルト機構
背の角度が変わらないまま車いす全体が傾く

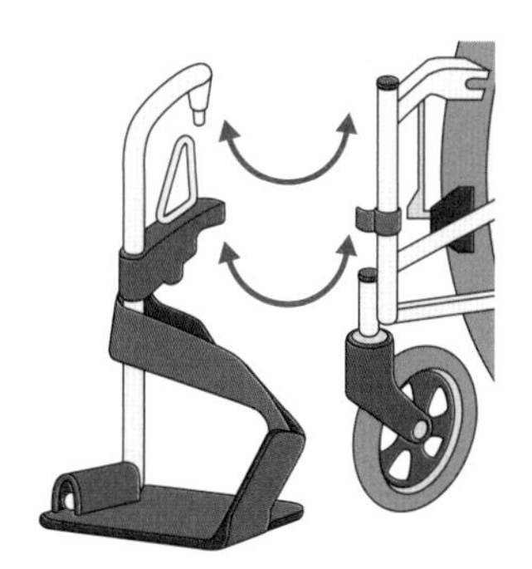

スイングアウト＆着脱

1-3 車いすの種類と特徴

自走型

ふわりす

種目	自走用標準型車いす
タイトル	**手軽に簡単に移動できる車いす**
性能特徴	・軽量 ・折りたたみ式 ・介助ブレーキ ・ノーパンクタイヤ （**ウェイビット**） （NEO-1）
コメント	・利用する人が車いすを操作 ・軽くて丈夫 ・車の積み込みにやさしい軽量タイプ（**ふわりす**） ・シンプルで使いやすい ・独自の曲線フレームを使用し、乗り心地最適（**ウェイビット**） ・前輪にクッション性に優れたキャスターを装備
対　象	・自走ができる人 ・立位移乗ができる人 ・座位での体幹保持ができる人 ・力の弱い人
商品名等	●**ふわりす**（カワムラサイクル）重量：9.6kg ●**ウェイビット**（カワムラサイクル）重量：12.2kg ●**NEO-1**（日進医療器）重量：12.7kg ●**AR-201B**（松永製作所）重量：15.2kg

自走型

ネクストコア・アジャスト

種目	自走用標準型車いす
タイトル	**座り心地の良い車いす**
性能特徴	・クッションキャスター ・ひじ掛はね上げ ・スイングアウト ・ひじ掛高調整 （**ネクストコア・アジャスト**） ・背張り調整 ・付属クッション ・ノーパンクタイヤ ・フットサポート前後＆角度調整 （**ネクストコア・アジャスト**）
コメント	・利用する人が車いすを操作 ・身体に合った座り心地 ・高性能で軽量 ・コンパクトで安全性がある ・より広い面で背中を支える（**グレイスコア・マルチ**） ・立体クッションで安定した座り心地
対　象	・自走ができる人 ・座位での体幹保持ができる人 ・時間が経つと姿勢が崩れる人
商品名等	**●ネクストコア・アジャスト** **NEXT-51B** （松永製作所） 重量：14.6kg **●グレイスコア・アジャスト** **GRC-51B** （松永製作所） 重量：17.1kg **●ネクストコア・マルチ** **NEXT-31B** （松永製作所） 重量：13.2kg

自走型

スキット５

種目	自走用標準型車いす
タイトル	**狭い場所を移動、小回りのできる車いす**
性能特徴	・ひじ掛はね上げ （**スキット500**） （**こまわりくん18B**） ・スイングアウト ・ひじ掛高調整（**スキット5**） ・背張り調整 ・ノーパンクタイヤ （**スキット5**）（**スキット500**） ・レッグサポートの角度調整 （**スキット500**） ・スイングアーム式リアキャスター（**スキット500**）
コメント	・利用する人が車いすを操作 ・その場で回転できる６輪タイプの車いす ・狭い廊下の角でも取り回しがしやすい ・室内の移動に最適 ・小さな力で前輪が上がり、小さい段差越えは可能 ・フットサポートや押手グリップを内側に収納できる（**ネクストコアくるり**） ・リアキャスターが本体をしっかり支え、後ろへの転倒の不安がない
対　象	・自走ができる人 ・屋内での移動が多い人 ・座位での体幹保持ができる人
商品名等	●**ネクストコアくるり NEXT-71B** （松永製作所） 重量：19kg ●**スキット500** （ミキ） 重量：18kg ●**スキット5** （ミキ） 重量：15.2kg ●**こまわりくん18B** （カワムラサイクル） 重量：16.3kg

自走型

レボ6

種目	自走用標準型車いす
タイトル	**身体にフィット、合わせられる車いす**
性能特徴	・クッションキャスター（**ウルトラ**）（**イージーフィット**） ・ひじ掛はね上げ（**ウルトラ**）（**イージーフィット**） ・ひじ掛取り外し（**レボ6**） ・スイングアウト ・座面の奥行き調整（**レボ6**） ・座幅調整（**ウルトラ**）（**イージーフィット**） ・座高調整 ・ひじ掛高調整 ・背張り調整 ・車軸設定（**レボ6**） ・介助ハンドル調整（**レボ6**） ・ノーパンクタイヤ ・バックサポート角度調整（**レボ6**） ・ランバーアングルの角度調整（**レボ6**）
コメント	・利用する人が車いすを操作 ・調整機能・拡張機能を兼ね備えたモジュラータイプ ・姿勢が気になる人に、身体ラインに合わせた調整を行う ・座ると理想的な姿勢になる背シート ・姿勢が安定する「テンション調整」を採用する（**イージーフィット**）
対　象	・自走ができる人 ・体格、症状に合わせたい人 ・時間が経つと姿勢が崩れる人 ・座位での体幹保持ができる人
商品名等	●**レボ6 モジュールタイプ** （ラックヘルスケア） 重量：18kg ●**ウルトラシリーズ モジュールタイプ** （日進医療器） 重量：15.2kg ●**イージーフィットMEF-22** （ミキ） 重量：15.5kg

自走型

	種目	自走用標準型車いす
	タイトル	**座幅が広くゆったり座れる車いす**
KJP-5	性能特徴	・ひじ掛はね上げ ・ひじ掛高調整 ・スイングアウト ・背張り調整 ・ノーパンクタイヤ ・座幅調整（**KJP-5**） ・座高調整

コメント	・利用する人が車いすを操作 ・ゆったり座れる ・大柄な人にお勧め ・座面の幅と座面の高さは三段階に調節できる（**KJP-5**） ・座幅45cm以上の人にお勧め 耐荷重130kg（**KJP-5**） 耐荷重160kg（**M4**）
対　象	・自走ができる人 ・大柄の人 ・座位での体幹保持ができる人 ・足腰が弱っている人
商品名等	**●大型車いすKJP-5** （ミキ） 重量：20.2kg 座幅48/50/52cm **●ウルトラシリーズNA-U2W-BG** （日進医療器） 重量：14.8kg 座幅45cm **●M4** （オットーボック・ジャパン） 重量：18kg～ 座幅：45.5～58cm（2.5cm刻みで選択）

自走型

とまっティ

種目	自走用標準型車いす
タイトル	**ブレーキのかけ忘れを防げる車いす**
性能特徴	・自動ブレーキ ・クッションキャスター ・ひじ掛はね上げ **（とまっティ）** ・スイングアウト **（とまっティ）** **（セーフティオレンジ）** ・背張り調整 **（とまっティ）** ・ノーパンクタイヤ **（転ばなイス）** **（セーフティオレンジ）**
コメント	・利用する人が車いすを操作 ・立ち上がると自動でブレーキがかかる ・座っても自動でブレーキが解除されない安全設計 ・体重でフットサポートが下がり、車いすが前に倒れにくくなる安全機能付き（**転ばなイス**）
対象	・自走ができる人 ・座位での体幹保持ができる人 ・うっかりブレーキを掛け忘れる人
商品名等	**●とまっティ** （ミキ） 重量：18.1kg **●セーフティオレンジ** （フランスベッド） 重量：16.3kg **●転ばなイス** （フランスベッド） 重量：20kg

自走型

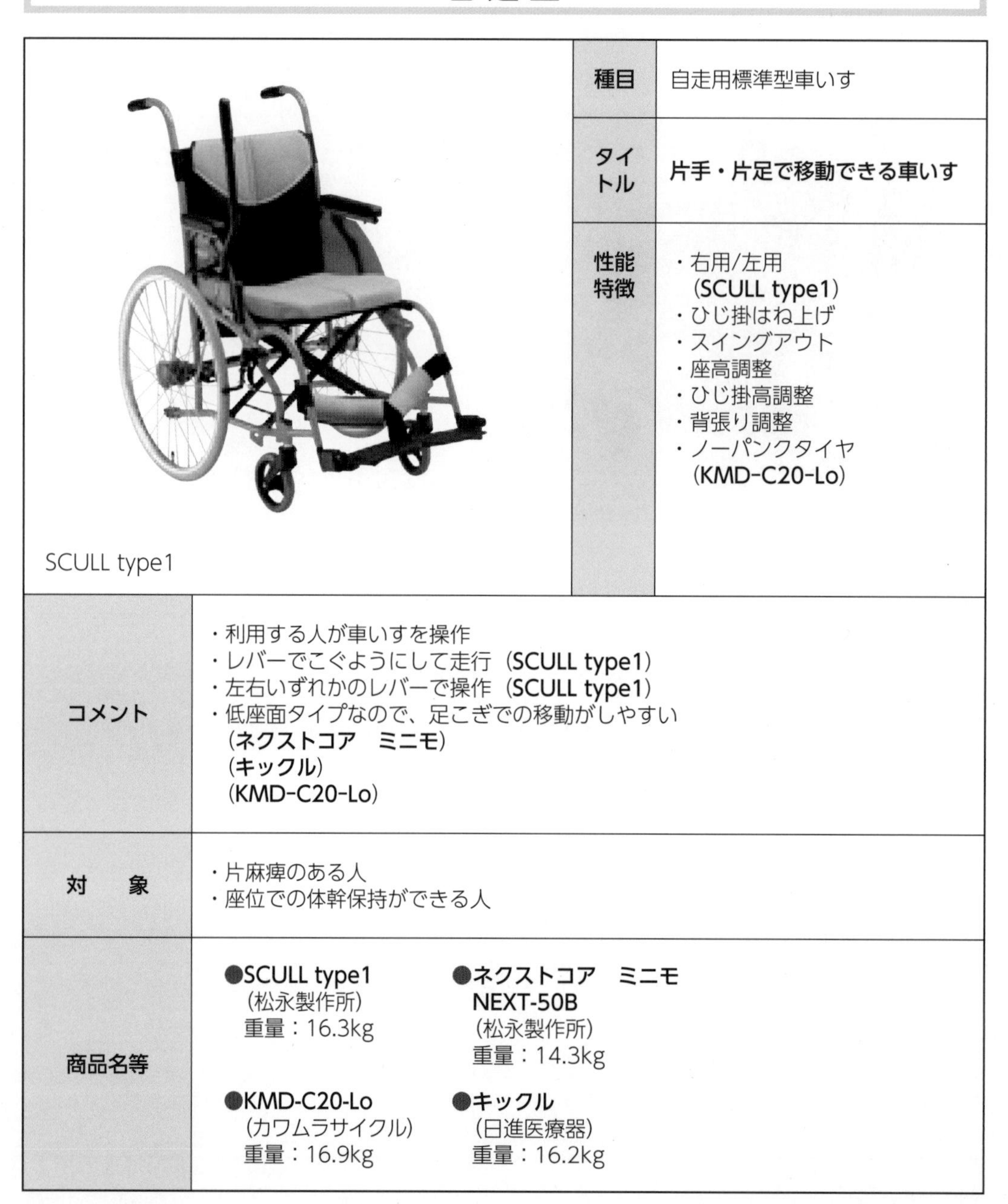

SCULL type1

種目	自走用標準型車いす
タイトル	**片手・片足で移動できる車いす**
性能特徴	・右用/左用 （SCULL type1） ・ひじ掛はね上げ ・スイングアウト ・座高調整 ・ひじ掛高調整 ・背張り調整 ・ノーパンクタイヤ （KMD-C20-Lo）
コメント	・利用する人が車いすを操作 ・レバーでこぐようにして走行（SCULL type1） ・左右いずれかのレバーで操作（SCULL type1） ・低座面タイプなので、足こぎでの移動がしやすい （ネクストコア　ミニモ） （キックル） （KMD-C20-Lo）
対　象	・片麻痺のある人 ・座位での体幹保持ができる人
商品名等	●SCULL type1 （松永製作所） 重量：16.3kg ●ネクストコア　ミニモ NEXT-50B （松永製作所） 重量：14.3kg ●KMD-C20-Lo （カワムラサイクル） 重量：16.9kg ●キックル （日進医療器） 重量：16.2kg

電動車いす

JWアクティブPLUS+
※簡易形とは、手動車いすに電動駆動装置または制御装置を取り付けた簡便な車いすで、利用者が操作して使用するもの

種目	自走用標準型車いす （電動補助装置）
タイトル	**長距離の移動ができる車いす**
性能特徴	・ひじ掛はね上げ **（JWアクティブPLUS+）** **（is-JPLUS）** ・スイングアウト **（JWアクティブPLUS+）** **（タウニィジョイXPLUS＋）** **（is-JPLUS）** ・ひじ掛高調整 **（JWアクティブPLUS+）** **（タウニィジョイXPLUS＋）** ・背張り調整 **（is-JPLUS）** ・介護者による電動操作 **（JWアクティブPLUS+）** **（タウニィジョイXPLUS＋）** **（is-JPLUS）** ・電動アシストタイプ **（JWスウィング）**
コメント	・利用する人が車いすを操作 ・折りたたみのできる簡易電動車いす ・手動と電動の切替えができる ・スタイリッシュで高いフレーム強度をもっている ・軽さと機能性どちらも兼ね備えている ・スリム設計で操作性に優れている　**（タウニィジョイXPLUS＋）** ・手でハンドリムをこぐ力とモーターの力を合わせて駆動する車いす　**（JWスウィング）** ・驚きの軽さと滑らかさのハンドリム操作　**（JWスウィング）**
対　象	・筋力が低下している人 ・長距離走行が多い人 ・座位での体幹保持ができる人 ・坂道が多く安定して移動できない人
商品名等	**●JWアクティブPLUS＋** （ヤマハ発動機） 重量：28.7kg（22インチ） バッテリー/2.9kg **●タウニィジョイXPLUS＋** （ヤマハ発動機） 重量：26.5kg（16インチ） バッテリー/2.9kg **●is-JPLUS** （フランスベッド） 重量：27.4kg（24インチ） バッテリー/2.9kg **●JWスウィング** （ヤマハ発動機） 重量：24.6kg（24インチ） バッテリー/2.9kg

電動車いす

<table>
<tr><td rowspan="3">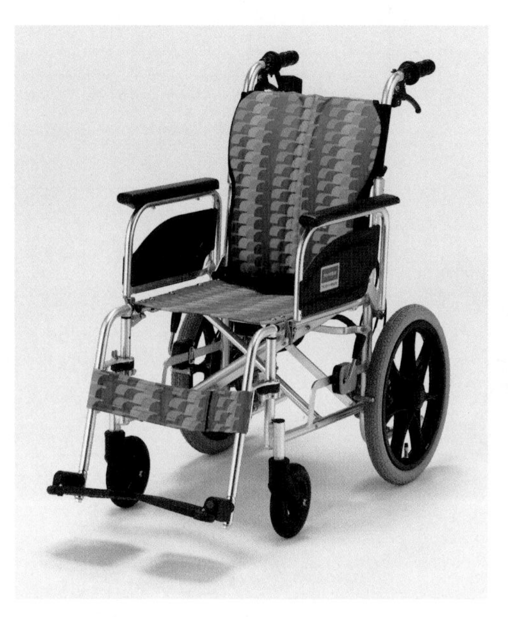
アシストハイパワー
FB-NAH446-SH</td><td>**種目**</td><td>普通型電動車いす</td></tr>
<tr><td>**タイトル**</td><td>**坂道を軽く押して動かせる車いす**</td></tr>
<tr><td>**性能特徴**</td><td>・ひじ掛はね上げ
(アシストハイパワー)
(SP40-K)
・スイングアウト
(アシストハイパワー)
・背張り調整
(アシストハイパワー)</td></tr>
</table>

コメント	・介護者が車いすを操作 ・上り坂になるとモーターがアシスト ・下り坂では自動的にブレーキがかかり安心 ・手軽に操作 ・介護者の負担を軽減する ・悪路でもスムーズに押すことができる ・坂道もゆっくり進むので付き添いも楽 **(SP40-K)** ・初めての人でも簡単に操作できるコントロール部 **(SP40-K)**
対　象	・自走ができない人 ・筋力が弱っている人 ・座位での体幹保持ができる人 ・近隣に坂道が多い場所で使用する人
商品名等	●**アシストハイパワー　FB-NAH446-SH** (フランスベッド) 重量：24kg (バッテリー含む) ●**Reha tech介助用標準形電動車いす　SP40-K** (フランスベッド) 重量：48kg (バッテリー含む)

電動車いす

	種目	普通型電動車いす
EMC-260/270 PASEO	タイトル	**疲れにくく、安定した走行ができる車いす**
	性能特徴	・ひじ掛高調整 ・背高調整 (WHILL Model CK2) ・座面高調整 (WHILL Model CK2) ・NEWスライドレール(オプション) 座面下左右のレール上にフットサポート、アームサポート、バックサポート(シーティングシステムのみ)、フレームをレール上の希望の位置に調整 (EMC-260/270　PASEO)

コメント	・利用する人が車いすを操作 ・その場で回転するので、とても小回りしやすい ・簡単に分解して持ち運べる(WHILL Model CK2) ・約18km走れるバッテリーを搭載(WHILL Model CK2) ・走行時の安定感が感じられる ・長距離にも便利な大型バッテリーを搭載(EMC-260/270　PASEO) ・でこぼこ道や砂利道でも走れる
対　象	・筋力が弱っている人 ・握力が弱っている人 ・座位での体幹保持ができる人 ・片麻痺の人
商品名等	●**EMC-260/270　PASEO** (今仙技術研究所) 重量:83.5kg(バッテリー含む) ●**WHILL Model CK2** (WHILL) 重量:52kg(バッテリー含む)

電動車いす

種目	ハンドル形電動車いす
タイトル	**快適性を兼ねたハンドルタイプの車いす**
性能特徴	・ハンドルタイプ ・家庭用100Vコンセントで簡単充電 ・電磁開放式クラッチ（電磁力を利用して動力や回転運動を制御する装置） （**遊歩スキップneo**） （**遊歩スマイル**） （**S141**）
コメント	・利用する人が車いすを操作 ・足を開けるので運転姿勢が安定 ・安全性と快適性を兼ね備えたカートタイプ ・小回り性能が良い ・シートの回転で乗り降りが楽（**S141**） ・ポジション調整ができるので身体にフィット（**S141**） ・スマートでコンパクト（全幅56cm 全長109cm）（**遊歩スキップneo**）
対　象	・足腰が弱っている人 ・長距離走行を行う人 ・座位での体幹保持ができる人
商品名等	●**セニアカー ET4D** （スズキ） 重量：100kg（バッテリー含む） ●**遊歩スキップneo** （セリオ） 重量：89kg（バッテリー含む） ●**遊歩スマイル** （セリオ） 重量：97kg（バッテリー含む） ●**Reha tech ハンドル形電動車いす S141** （フランスベッド） 重量：92kg（バッテリー含む）

セニアカー ET4D

介助型

ラクーネ3

種目	介助用標準型車いす
タイトル	**安楽に座り、乗り移りたい介助用の車いす**
性能特徴	・ひじ掛はね上げ ・スイングアウト ・座幅調整 **（ウルトラシリーズ）** ・座高調整 **（ネクストコア・アジャスト）** ・ひじ掛高調整 **（ネクストコア・アジャスト）** ・背張り調整 ・ノーパンクタイヤ **（ラクーネ3）**
コメント	・介護者が車いすを操作 ・可能性が広がる調整機能・拡張機能 ・理想的な姿勢ができるモジュラータイプ ・サイドガードがトランスファーボードになる（**ラクーネ3**）
対象	・自走ができない人 ・足腰が弱っている人 ・座位での体幹保持ができる人
商品名等	**●ウルトラシリーズ モジュールタイプ** （日進医療器） 重量：13.2kg **●ネクストコア・アジャスト NEXT-61B** （松永製作所） 重量：13.6kg **●ラクーネ3** （ミキ） 重量：15kg

介助型

カルッタ

種目	介助用標準型車いす
タイトル	**軽くてコンパクト・収納しやすい車いす**
性能特徴	・軽量 ・コンパクト ・ひじ掛はね上げ (**カルッタ**) ・スイングアウト (**カルッタ**)
コメント	・介護者が車いすを操作 ・軽量タイプ ・乗り降りも楽にできる多機能型 ・軽いので、車などへの積み込み、積み下ろしも手軽（**Cパッケージ**） ・ワイドなポケット、快適な背もたれ角度（**カルッタ**）
対　象	・自走ができない人 ・足腰が弱っている人 ・座位での体幹保持ができる人
商品名等	●**スキット1** （ミキ） 重量：9.9kg ●**NAH-L7α** （日進医療器） 重量：8.7kg ●**カルッタ** （ミキ） 重量：9.3kg ●**軽量介助車いすCパッケージ** （日進医療器） 重量：8.7kg

介助型

スキット6

種目	介助用標準型車いす
タイトル	**狭い場所に最適、小回りの利く車いす**
性能特徴	・ひじ掛はね上げ ・スイングアウト **(スキット6)(スキット600)** ・レッグサポートの角度調整 **(スキット600)** ・ひじ掛高調整 (NEXT-81B) ・背張り調整 ・座高調整 **(スキット600)** ・座幅調整 **(スキット600)** ・ノーパンクタイヤ **(スキット6)(スキット600)** ・スイングアーム式 リアキャスター **(スキット600)** ・MEFエレベーティング システム **(スキット600)**
コメント	・介護者が車いすを操作 ・その場で回転ができる６輪タイプ ・狭い廊下の角でも曲がりやすい ・狭い住居を快適走行
対　象	・足腰が弱っている人 ・上肢が弱っている人 ・座位での体幹保持ができる人 ・足こぎができる人
商品名等	**●スキット6** (ミキ) 重量：15.4kg **●スキット600** (ミキ) 重量：17.5kg **●ネクストコアくるり** **NEXT-81B** (松永製作所) 重量：18kg

ティルト・リクライニング車いす

マイチルト・コンパクト2

種目	介助用標準型車いす
タイトル	**安楽に座れる車いす**
性能特徴	・ひじ掛はね上げ **（座王X）（スキット7）** **（M-1ティルト）** ・スイングアウト ・エレベーティング **（マイチルト・コンパクト2）** **（オアシスFB）（座王X）** ・ひじ掛高調整 **（マイチルト・コンパクト2）** **（オアシスFB）（座王X）** ・背張り調整 ・ティルト ・リクライニング **（マイチルト・コンパクト2）** **（スキット7）（オアシスFB）** ・ノーパンクタイヤ **（マイチルト・コンパクト2）** **（座王X）（インディゴ）** ・ヘッドサポート着脱
コメント	・介護者が車いすを操作 ・ベッドから離床して過ごす ・高性能なのにスリムで超コンパクト（**スキット7**） ・小回り性能があり、在宅での生活にも最適（**マイチルト・コンパクト2**） ・小柄な人、円背の人、滑り座り（**オアシスFB**） ・座るだけで自動的に姿勢調整（**座王X**）
対　象	・体幹が保てない人 ・麻痺がある人 ・円背がある人
商品名等	**●マイチルト・コンパクト2　MH-CR2** （松永製作所） 重量：25.5kg **●座王X　NA-XF5** （日進医療器） 重量：19.6kg **●NAH-UC・Lo Nインディゴ** （日進医療器） 重量：18.6kg **●スキット7** （ミキ） 重量：19kg **●M-1ティルト** （ミキ） 重量：19.8kg **●オアシスFB** （フランスベッド） 重量：25.4kg

ティルト・リクライニング車いす

ネッティ em

種目	介助用標準型車いす
タイトル	**ゆったりと座ることができる車いす**
性能特徴	・ひじ掛はね上げ （**GF**） （**くるーん**） ・スイングアウト ・エレベーティング ・座面の奥行き調性 （**ネッティ em**） ・ひじ掛高調整 ・背張り調整 ・ティルト ・リクライニング ・ノーパンクタイヤ ・ヘッドサポート着脱 ・レッグサポート位置調節
コメント	・介護者が車いすを操作 ・ベッドから離床して過ごす ・簡単な調整で快適な姿勢保持（**ネッティ em**） ・優れた座位保持効果と抜群のクッション力（**ネッティ em**） ・前滑りが起こりにくくコンパクト（**くるーん**） ・バックレストが倒れるのに応じて座面も傾く機構（**モデラート**） ・座面昇降機能で介助の負担軽減（**NEXTROLLER-spⅡ**）
対　象	・体幹が保てない人 ・麻痺がある人 ・筋力が弱っている人
商品名等	**●ネッティ em** （ラックヘルスケア） 重量：30kg **●NEXTROLLER-spⅡ** （ミキ） 重量：24kg **●ティルト・リクライニング車いす くるーん** （カワムラサイクル） 重量：21.5kg **●GF・Unidash-SP** （ミキ） 重量：27.5kg **●モデラートCA-4300** （ランダルコーポレーション） 重量：20kg **●フルリクライニング車椅子RJ-370** （いうら） 重量：36kg

2 車いす付属品

2-1 車いす付属品利用のための基礎知識

車いす付属品とは

利用することによって車いすの利用効果が増進するもの、また車いすと一体的に使用されるものに限ります。車いすの貸与に合わせて貸与される場合、または既に車いすを利用している場合は付属品のみでも貸与対象となります。

①車いすクッション及びパッド：車いすの座シートやバックサポートに置き使用する
②テーブル：車いすに装着して使用が可能なもの
③ブレーキ：車いすの速度をコントロールする、車いすを固定する機能をもつもの
④電動補助装置：自走用標準型車いすまたは介助用標準型車いすに取り付けて使用する電動装置。駆動力の一部または全部を補助する機能を有する⇒電動車いす
電動車いすについては［第1節　福祉用具貸与　1．車いす　P.25～28］を参照してください。

その他姿勢保持用品：不安定な姿勢を改善する。骨盤・背中・頭部をサポートするもの。

車いす付属品	タイトル	車いすと一体的に使用する	
	対　象	性能・特徴	コメント・商品名等
図1 FC-アジャスト	前滑りや横倒れしやすい人	・パッド ・クッション ・2つのパッドで左右の体幹と骨盤位置を保持する	・骨盤パッド は適応サイズがあるため、座幅の確認をして使用する **●FC-アジャスト標準セット** （アイ・ソネックス） **●アウルサポートセット** （加地）

図2 車いす用テーブル	前傾姿勢のとれない人 車いすに座ったままで食事をとる人	・車いすのひじ掛に固定して使用する	・テーブルの着脱が簡単にできる ・利用している車いすに取り付けが可能か、など適切な形状とサイズを選ぶ **●車いすテーブル TY070E** （日進医療器）
図3 延長ブレーキ棒	標準の駐車用ブレーキでは手が届かない人	・駐車用ブレーキレバーの長さを変える ・小さい力で操作が可能になる	・取り付けは福祉用具専門相談員のいる販売店などに依頼する **●延長ブレーキ棒** （カワムラサイクル）
図4 マイバディイージーヘッド	首、頭部が不安定な人 長時間車いすに座る人	・ヘッドの部分は上下・前後・左右自由に調節が可能 ・装着したまま車いすが折りたためるタイプのものもある	・軽量、取り付けに工具不要 ・調整範囲が広い **●マイバディイージーヘッド** （ユーキ・トレーディング）
図5 マイバディ腕まくらプラス	姿勢保持 円背や体幹の弱い人	・アームサポートに腕が置きにくい人でも腿に載せるだけで腕全体を支えられる	・前方に支持面が出来ることで姿勢崩れを防止する ・骨盤が起きて前滑りがしづらくなる **●マイバディ腕まくらプラス** （ユーキ・トレーディング）

2-2 車いす付属品の選び方のポイント

≪車いすクッション≫

車いすクッションの効果

車いすを使用する場合には、必ず車いす用のクッションを使用しましょう。

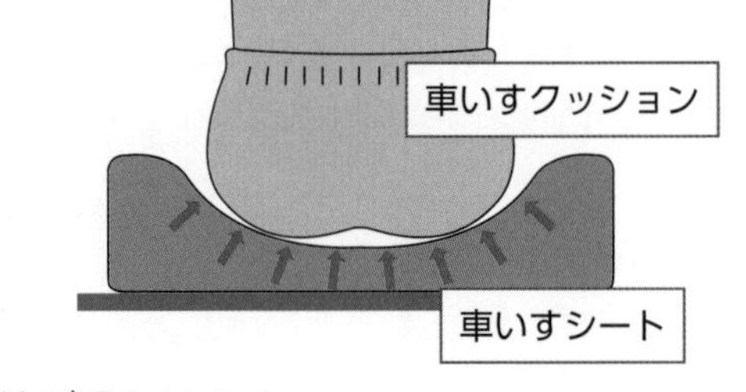

- 座り心地を良くする
- 臀部にかかる圧力を分散し床ずれを予防する
- 正しい姿勢を保つ

といった効果が期待できます。

クッションの材質の違い、厚さの違いで座り心地が異なります。

注意点

1．クッションの厚みで、座面の高さやアームサポートの高さが変わるため、確認して選定を行う必要があります。
2．材質によって通気性が異なるため、蒸れには気を付ける必要があります。
3．前後・左右、裏表を間違えないように、正しい向きになっているかを確認してから使用します。

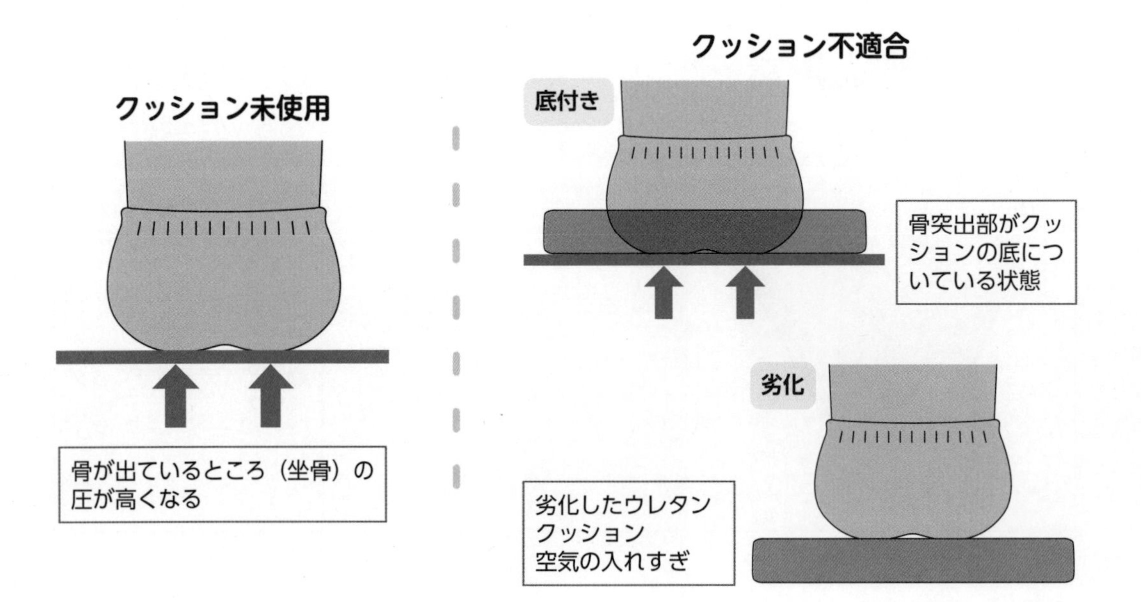

≪車いすクッションの素材≫

車いすクッションに使用されている素材には、主に下記に挙げたものがあります。複数の素材の組み合わせで座り心地や圧力分散の性能が高まるなどの効果が期待されます。

ウレタン	：ウレタンフォームやポリエステル繊維。姿勢保持機能に優れている。
立体網状構造体クッション	：90％以上が空気を通す網目状で通気性を長く維持し、体圧を分散する。
ゲル(ジェル)	：粘度のあるゲル。体圧分散機能が高い。
エア	：空気量を調整して、硬さ・座り心地を変化させる。

2-3 車いす付属品の種類と特徴

≪車いすクッション≫

<table>
<tr><td colspan="2" rowspan="3">図1
ロホ・クァドトロセレクト</td><td>種目</td><td>車いすクッション</td></tr>
<tr><td>タイトル</td><td>エアクッション</td></tr>
<tr><td>性能特徴</td><td>・「セル」と呼ばれる空気室で構成されており、セル内の空気が流動することによって体圧を分散させる</td></tr>
<tr><td>コメント</td><td colspan="3">・変形が少なく、長時間の座り心地が良い
・身体の動きに合わせて１つひとつのエアセルが自由に動くので、ずれや摩擦が軽減される
・専用のポンプを使用して空気を入れるため、日常点検として空気量の確認が必要</td></tr>
<tr><td>対　象</td><td colspan="3">・床ずれのリスクがある、仙骨座りの人
・身体の傾きがある人</td></tr>
<tr><td>商品名等</td><td colspan="3">●ロホ・クァドトロセレクト　ロータイプ（ペルモビール）
●ロホ・エンハンサー（ペルモビール）</td></tr>
</table>

図2

wipeR1

種目	車いすクッション
タイトル	**ウレタンクッション**
性能特徴	・ウレタンフォームやポリエステル繊維の立体構造が素材のタイプ ・硬さや厚さの異なるウレタンを組み合わせたもの、サイズをオーダーメイドできるものなどもある ・体圧分散性能が高く、座位姿勢の保持が可能
コメント	・使用状況によるが、劣化しやすい ・防水性の高いカバーを使用しているもの、アルコール消毒が可能なもの、丸洗いできるもの等、比較的手入れが簡単で安価
対　象	・自立で座り直しが可能な人、座位時間が短い人 ・床ずれのリスクが少ない人
商品名等	●**アルファプラFクッション**（タイカ） ●**タカノクッションwipeR**（タカノ）

図3

マイぴたクッション

種目	車いすクッション
タイトル	**立体網状構造体クッション**
性能特徴	・ポリエステルやポリエチレン繊維の立体網状構造体とジェル素材を組み合わせたタイプ ・通気性の高いクッションカバーを使用し、蒸れにくい
コメント	・丸洗いができ、乾きやすい素材なので汚染時のお手入れが楽 ・条件によりアルコールや塩素による消毒が可能 ・比較的安価である ・直射日光や高温を避ける（劣化の原因）
対　象	・骨盤が前滑りしやすい人 ・骨盤が傾き姿勢が崩れやすい人
商品名等	●**マイぴたクッション**（カワベコーポレーション）

図4

ピタ・シートクッションW70

種目	車いすクッション
タイトル	**ゲルクッション**
性能特徴	・立体格子状ジェル素材で、お尻の形に成型されている ・通気性と耐久性に優れている
コメント	・温度による硬度の変化がほとんどなく、安定した座位が保てる ・水平方向にかかる力を吸収するためずれにくい ・ウレタンに比べると重い ・丸洗いが可能
対　象	・脚こぎ、自走をする人 ・長時間座位姿勢をとる人
商品名等	●**ピタ・シートクッションW70**（ファンディーナ） ●**ピタ・シートクッション35**（ファンディーナ）

図5

バリライトストレータス

種目	車いすクッション
タイトル	**エア＋ウレタンフォームクッション**
性能特徴	・硬さの異なるウレタンとエアの組み合わせ ・空気の量を調整することで除圧目的、座位の安定目的など場面に応じた調節が可能
コメント	・空気量の調整はバルブの開閉で行うもの、座れば自動的に調整されるものなどがある ・高い除圧と座位保持が期待される
対　象	・座位保持の安定性を重視したい人 ・安定した座り心地を求める人
商品名等	●**テラ フレア**（オットーボック・ジャパン） ●**バリライトストレータス**（ユーキ・トレーディング） ●**ロホ・ハイブリッドエリート**（ペルモビール）

<table>
<tr><td rowspan="3">図6

ジェルセル</td><td>種目</td><td>車いすクッション</td></tr>
<tr><td>タイトル</td><td>ゲル＋エアクッション</td></tr>
<tr><td>性能特徴</td><td>・エアとゲルで優れた体圧分散効果がある
・ゲルは温度変化に影響を受けにくく、暑さや冷えに対応し体温を安定して保てる</td></tr>
<tr><td>コメント</td><td colspan="2">・付属のポンプで空気を入れ調整する
・連結したセルを空気が移動するので、長時間座っていても圧力が一か所に集中することがなく、お尻が痛くなりにくい
・空気量は定期的な確認と調整が必要</td></tr>
<tr><td>対　　象</td><td colspan="2">・やせている人
・長時間座位姿勢をとる人</td></tr>
<tr><td>商品名等</td><td colspan="2">●ジェルセル（タカノ）</td></tr>
</table>

図7	種目	車いすクッション
	タイトル	**ゲル＋ウレタンフォームクッション**
デュオジェルクッション J2ディープクッション	性能特徴	・流動性が高く弾力性と柔軟性に富んだゲル素材、立体に形成、分割された構造で通気性の良いゲル素材などとウレタンフォームのハイブリッドのクッション ・衝撃の吸収力、体圧分散性が高い ・ゲルとは異なる特殊流動体とウレタンの組み合わせタイプもある（**J2ディープクッション**）

コメント	・硬度や密度の異なるウレタンフォームと形状の異なるゲルの組み合わせにより減圧効果を高める、床ずれのリスクが軽減される、などといった様々な効果が期待できる
対　象	・前にずれやすい人 ・車いすで外出をする人 ・姿勢が崩れている人（ずり落ちや片側の傾きが強い） ・床ずれのリスクが高い人
商品名等	●**アウルケア**（加地） ●**デュオジェルクッション**（ケープ） ●**J2ディープクッション**（サンライズメディカルジャパン）

3 特殊寝台

3-1 特殊寝台利用のための基礎知識

特殊寝台の機能

特殊寝台（以下ベッド）の機能は、背上げ、脚上げ（膝上げ）、高さ調節（昇降）などがあります。操作方法は、クランクハンドルによる手動式、手元スイッチ（リモコン）を操作しモーターで動く電動式に分けられます。操作が容易な電動式が主流ですが、最近では携帯端末でベッド操作ができる機種も出てきています。

・背上げ機能

ギャッチアップとも呼ばれ、自分では起き上がりにくい方の起き上がりを助ける機能です。おおむね0～75度の範囲で背上げ角度を調節できます。背上げ機能に、ベッドを傾ける機能、脚上げと連動する機能、頭頸部を上げる機能（ヘッドアップ機能）などを付加したベッドもあります。

・脚上げ（膝上げ）機能

脚部の上げ下げを、おおむね0～30度の範囲（45度の機種もあります）で行います。膝から下の脚先を水平に挙上できる機種もあります。

脚上げ機能は、背上げ機能と連動して背を上げた時に身体のずれ落ちを防ぐ目的で使われます。脚上げ機能単独では、ベッドに臥床した状態で脚のむくみを減少させるために使われます。

・高さ調節（昇降）機能

ベッドの高さをおおむね10～70㎝の範囲で調節します。ベッドから立ち上がりやすい高さにする、介護者にとって介助しやすく腰への負担が少ない高さにするなどができます。

背上げ機能、脚上げ機能、高さ調節機能以外の機能として、ベッドのボトムが左右に傾く「寝返り支援機能」、背ボトムの上部を上げる「ヘッドアップ機能」、ベッド上の臥位姿勢から座位、立ち上がりまでをサポートする「離床支援機能」などがあります。

ベッドの主な機能を電動モーター数別にまとめると、一般的に次のようになります。

1モーター：「背上げ」、「高さ調整」、「背上げ・脚上げ連動」のいずれか

2モーター：「背上げと高さ調整」、もしくは「背上げ・脚上げ連動と高さ調節」

3モーター：それぞれ個別の「背上げ」、「脚上げ」、「高さ調整」

（※これら以外に、寝返り支援機能やヘッドアップ機能を加えた4モーター、離床支援機能を加えた6モーターなどがあります。）

特殊寝台の使い方

① 背上げと脚上げ

ベッドの背上げを行う場合、ベッドの回転軸と利用する方の身体の回転軸が一致しないため、身体のずれ落ちや腹部の圧迫感が生じます。そのため快適な起き上がりにはならないことに留意しておきましょう。メーカーによって違いはありますが、背上げが快適になるようボトム構造やマットレスなどに様々な工夫をしています。背上げを行う時やベッドを選ぶ際に工夫内容を確認しておきます。

リモコン操作で背上げを行う場合も、背上げに伴う身体のずれ力が少なくなるように、脚上げ機能を使いながら背上げします。「背上げ・脚上げ連動」機能の付いたベッドであれば、背上げと脚上げの連動操作が自動的に１スイッチでできるため便利です。

ベッドを利用する方が自分で身体を動かせない場合は、背上げに伴う背中や腹部の不快感は脚上げ機能を併用しても強くなります。そのため、背上げ後や背上げ途中でマットレスと背中などの間にできたずれ力を減らし（圧抜き、背抜きなどと呼ばれます）、不快感をできる限り取り除きます。

② 高さ調節

ベッドを利用する方の立ち上がりなどの動きや介護する方の負担は、ベッドの高さに影響を受けます。具体的に、端座位が安定する高さ、立ち上がりやすい高さ、介護者にとって腰への負担がかかりにくい高さについて説明します（図３-１）。

図3-1. ベッドの高さ

端座位が安定する高さ	 ベッド	・端座位で、膝と股が90度程度に曲がった状態になるような高さ ・踵はしっかりと床について、お尻が沈み込まないようにする
立ち上がりやすい高さ		・お尻が膝の高さより少し上になるような高さ ・踵が浮きがちになりやすいので、浅く腰掛けて踵をしっかりとつける ・滑り落ちないように注意する
介護者の腰に負担がかかりにくい高さ		・介護者の身長や体格に合わせた高さ ・介護者が立位で腕を下ろし、握りこぶしがマットレスにつく程度の高さ 大腿部上部から腰部の高さが目安 ・中腰になりにくい姿勢とする

3-2 特殊寝台の選び方のポイント

ベッドを選択する場合のフローを図3-2に上げます。ベッドを利用する方の身体状況や介護状況、使用環境などを含めた生活状況（ベッドの利用状況）、必要なベッドの機能などを勘案してベッドを選択します。利用する方の身長や体格に合わせてベッドの大きさを選択します。

図3-2. ベッドの選択フロー

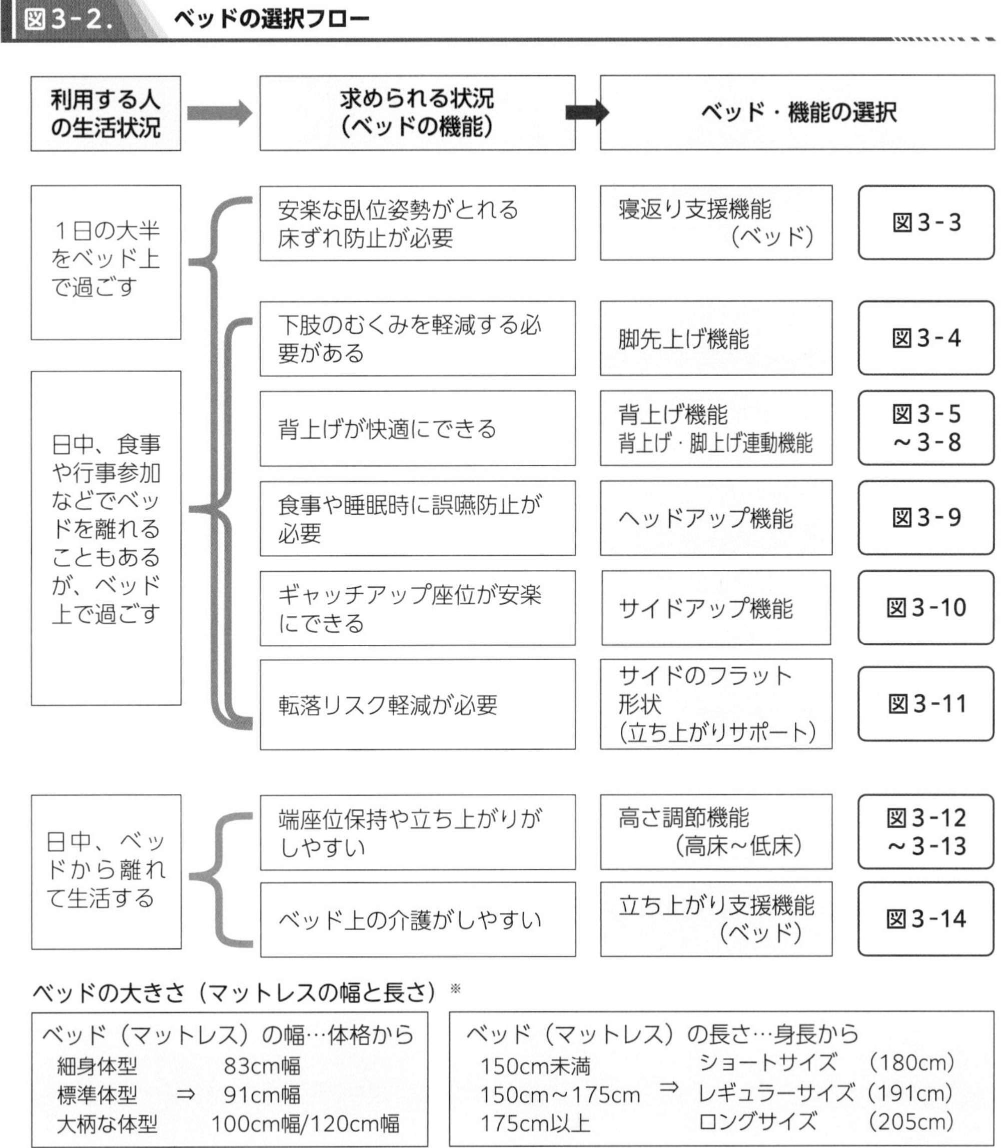

3-3 特殊寝台の種類と特徴

<table>
<tr><td>種　目</td><td>特殊寝台</td><td>タイトル</td><td>寝返り支援機能
（寝返り支援ベッド）</td></tr>
<tr><td colspan="4">図3－3
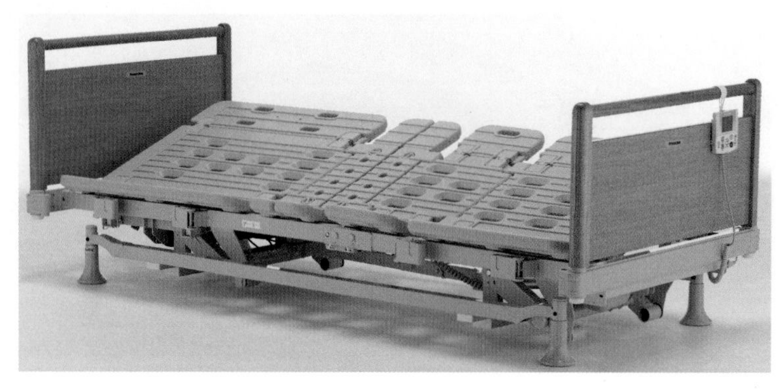
自動寝返り支援ベッドFBN−640</td></tr>
<tr><td>性能特徴</td><td colspan="3">・ボトムが左右にゆっくりと傾き、ベッド上の寝返りを自動的に補助する
・体圧を分散し、夜間の安眠と介護者の負担軽減に繋がる</td></tr>
<tr><td>コメント</td><td colspan="3">・寝返りの角度や頻度（時間）、速度などを状態に合わせて設定できる
・寝返りの手動操作中にギャッチアップ可能</td></tr>
<tr><td>対　象</td><td colspan="3">・寝返り動作に介助を必要とする人
（床ずれを予防したい、体位交換で介護者の負担や腰痛を予防したい）</td></tr>
<tr><td>商品名等</td><td colspan="3">●自動寝返り支援ベッドFBN-640（フランスベッド）</td></tr>
</table>

種　目	特殊寝台	タイトル	脚上げ機能 （脚先上げ・脚先下げ）
図3-4 脚先上げ　　脚先下げ Emi			
性能特徴	・脚上げ角度は、機種にもよるが30度、45度など ・脚先上げ機能は、脚先が水平もしくは水平近くになり、むくみ軽減効果が期待できる ・脚先下げ機能は、背上げ時の使用が推奨されている		
コメント	・自分の身体を動かしにくい人にとって、背上げ時の身体のずれや腹部への圧迫を軽減するため、脚上げ機能は必須 ・脚先下げと脚先上げはワンタッチで切り替えができる ・日中や夜間、ベッドで休んでいる際に脚先を上げることでむくみの軽減が期待される		
対　象	・脚先上げは、血圧が下がった場合やギプスで脚を固定している場合など脚先のむくみ防止が必要な人 ・脚先下げは、背上げを行う必要がある人		
商品名等	●**Emi**（シーホネンス） ●**ラフィオ**（プラッツ）		

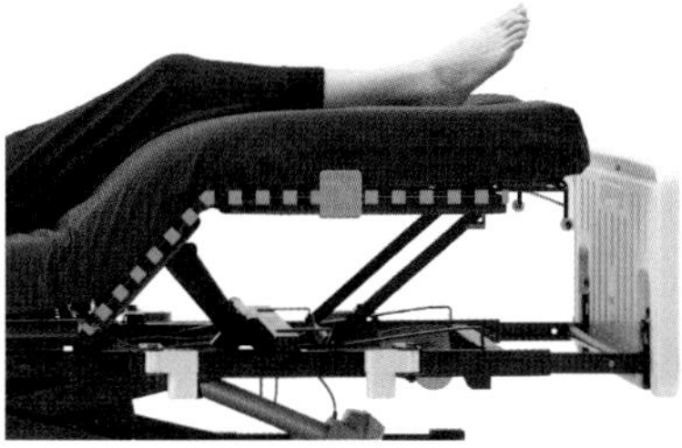

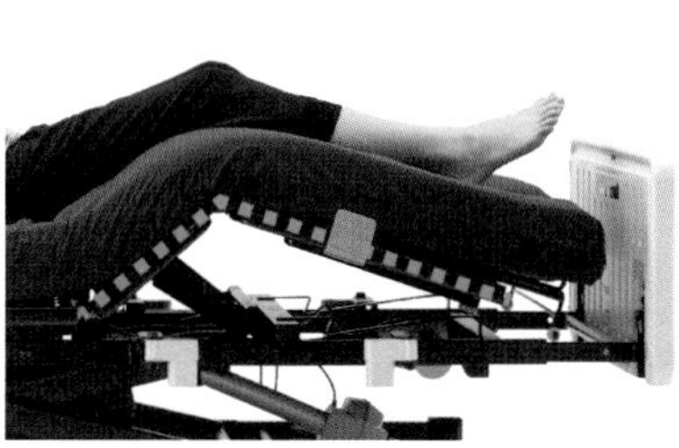

<table>
<tr><td>種　目</td><td>特殊寝台</td><td>タイトル</td><td>背上げ機能</td></tr>
<tr><td colspan="4">図3-5
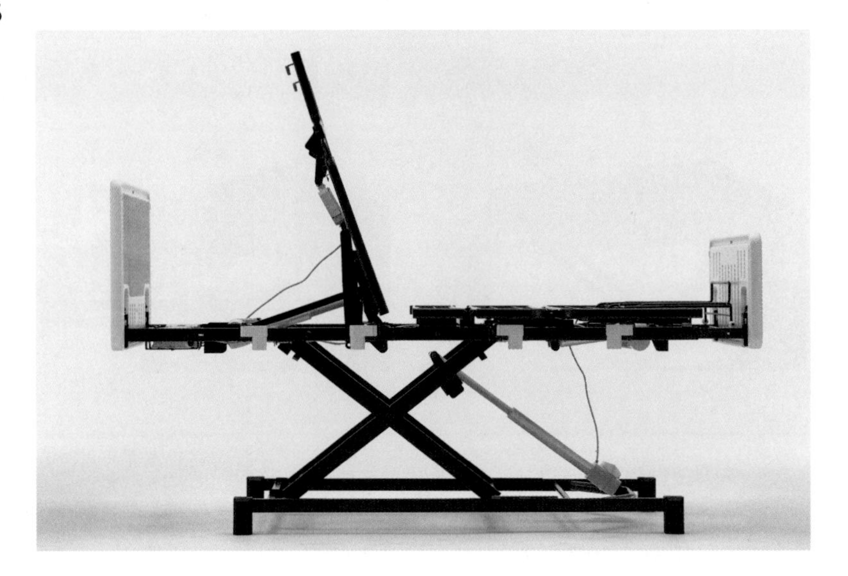
Emi</td></tr>
<tr><td>性能特徴</td><td colspan="3">・リモコン（手元スイッチ）の操作で簡単に背上げが可能
・腹圧や身体のずれ力を軽減するために、背上げ機能が工夫されている
（背上げ時に背ボトムの支点が後ろにスライドし、腹部や背部の圧迫、前ずれを軽減する機種、背ボトムのフレームが背もたれの動きに合わせて伸びたり骨盤を起こして腹部や背中の圧迫を少なくする機種など）</td></tr>
<tr><td>コメント</td><td colspan="3">・背上げ後は腹部の圧迫や背中のずれを軽減する「圧抜き」が必要</td></tr>
<tr><td>対　象</td><td colspan="3">・ベッドで過ごす時間が長い人
・日中の座位時間を延伸することで、ADL改善等を図りたい人</td></tr>
<tr><td>商品名等</td><td colspan="3">●Emi（シーホネンス）
●楽匠プラス・Sシリーズ（パラマウントベッド）
●リライフネクスト（ランダルコーポレーション）
●ヨカロ（プラッツ）</td></tr>
</table>

<table>
<tr><td>種　目</td><td>特殊寝台</td><td>タイトル</td><td>背上げ・脚上げ連動機能</td></tr>
<tr><td colspan="4">図3-6
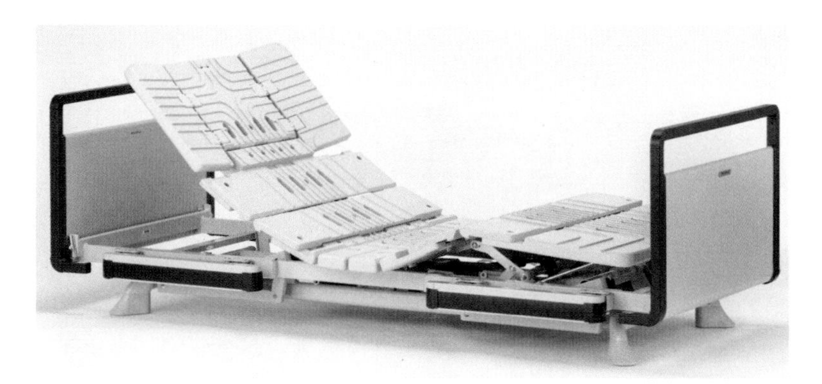
マルチフィット</td></tr>
<tr><td>性能特徴</td><td colspan="3">・「背上げ・脚上げ連動」の1スイッチを選択することで、簡単に背上げを行うことができる
・背上げと脚上げを連動して行うことで、腹部への圧迫や身体の下方へのずれを軽減する</td></tr>
<tr><td>コメント</td><td colspan="3">・一般的に背上げ操作の前に脚上げ操作を行うが、高齢者にとって2スイッチを操作することになるため難しい
・「背上げ・脚上げ連動」スイッチは、1スイッチ操作であるため高齢者にとって使いやすい
・「背上げ・脚上げ連動機能」に加えて、腹部の圧迫をより少なくするために、背ボトムと脚ボトムとの角度を一定以上に保つ機能を備えた機種がある</td></tr>
<tr><td>対　象</td><td colspan="3">・ベッドで過ごす時間が長い人
・日中の座位時間を延伸することで、ADL改善等を図りたい人</td></tr>
<tr><td>商品名等</td><td colspan="3">●CORE Neo（シーホネンス）
●マルチフィット（フランスベッド）
●楽匠プラス（パラマウントベッド）</td></tr>
</table>

<table>
<tr><th>種　目</th><th>特殊寝台</th><th>タイトル</th><th>背上げ時のベッド傾斜機能</th></tr>
<tr><td colspan="4">図3-7

楽匠プラス・Z</td></tr>
<tr><td>性能特徴</td><td colspan="3">・背上げと脚上げの連動機能にベッドの傾斜（ティルティング）機能を組み合わせたことで、脚を下げた背上げ姿勢になり、骨盤が起きてくるため、安定した座位姿勢が得られる
・首や肩も動きやすくなり、離床もしやすい</td></tr>
<tr><td>コメント</td><td colspan="3">・ベッドごと傾斜するため、体圧の分散や活動しやすい姿勢を作りやすくなる</td></tr>
<tr><td>対　象</td><td colspan="3">・１日の大半をベッド上で過ごす人
・安楽な姿勢や活動しやすい姿勢にしたい人</td></tr>
<tr><td>商品名等</td><td colspan="3">●楽匠プラス・Z（パラマウントベッド）</td></tr>
</table>

種　目	特殊寝台	タイトル	背上げ時の頭背部サポート （ヘッドアップ）

図3-8

ラフィオ

性能特徴	・背上げ時に頭背部の挙上も併せて行う ・背上げ機能を上部：（頭背部、ハイバック）と下部（腰部、ローバック）に分け、それぞれの角度を調節しながら背上げを行う ・上記動作を脚上げと連動し、１ボタン操作で行う機種もある
コメント	・嚥下や呼吸がしやすい姿勢を個々に合わせて調整することができる ・頭背部サポート（ヘッドアップ）しながらの背上げで、より快適な背上げになる
対　象	・背上げが必要な人 ・ベッドで過ごす時間が長く姿勢調整が必要な人
商品名等	●**ラフィオ**（プラッツ） ●**ヨカロ**（プラッツ）

<table>
<tr><th>種　目</th><td>特殊寝台</td><th>タイトル</th><td>ヘッドアップ機能</td></tr>
<tr><td colspan="4">図3-9
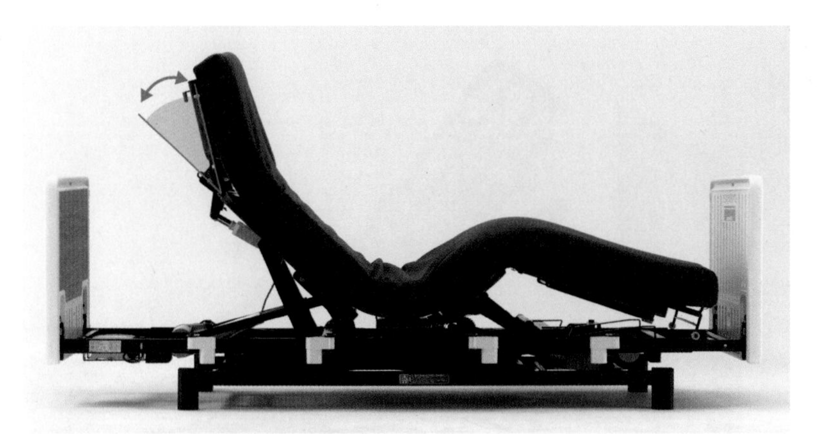
Emi</td></tr>
<tr><th>性能特徴</th><td colspan="3">・リクライニング座位時に頸部の角度を調節する
・頸部を屈曲することで視界が広がる
・嚥下しやすい姿勢にすることができ、口腔ケアもしやすい
　誤嚥を予防する姿勢をサポートする
・頭頸部のヘッドアップ機能により、顎を引いた前向き目線の姿勢になり、コミュニケーションや、ＴＶなどの視聴がしやすくなる</td></tr>
<tr><th>コメント</th><td colspan="3">・ヘッドアップ機能は就寝時（夜間）の唾液誤嚥防止に有効
・リクライニング座位では、前向き目線になり、気分が良くなる、会話が増える、ＴＶが見やすくなるなど社会性が増す</td></tr>
<tr><th>対　象</th><td colspan="3">・ベッド上で、食事しやすい姿勢にしたい人
・ベッドで過ごす時間が長く、食事など活動の場面ごとの姿勢調整が必要な人</td></tr>
<tr><th>商品名等</th><td colspan="3">●ラフィオ（ヘッドアップ0～30度）（プラッツ）
●マルチフィット（ヘッドアップ0～20度）（フランスベッド）
●Emi（ヘッドアップ0～50度）（シーホネンス）</td></tr>
</table>

<table>
<tr><td>種　目</td><td>特殊寝台</td><td>タイトル</td><td>サイドアップ機能</td></tr>
<tr><td colspan="4">図3-10
 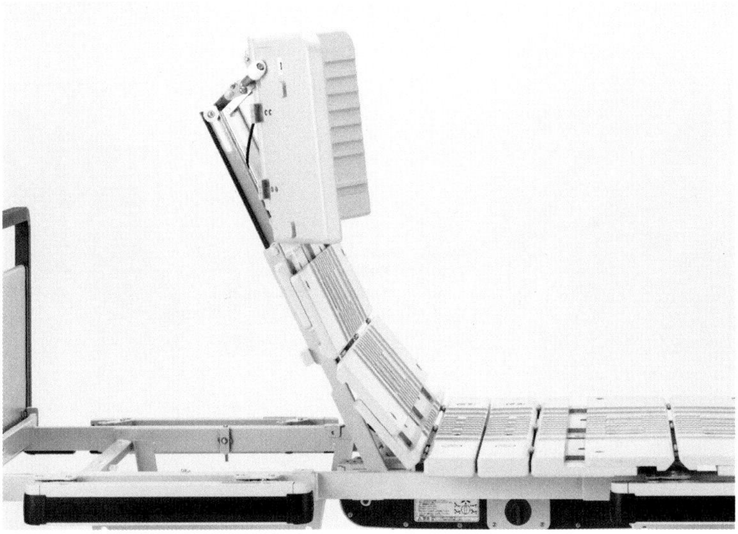
マルチフィット</td></tr>
<tr><td>性能特徴</td><td colspan="3">・背上げ機能と連動し、背ボトムの両サイドが（30度まで）徐々に上がる
・体幹の保持をサポートし、座位姿勢を安定させる
・転落防止にも繋がる</td></tr>
<tr><td>コメント</td><td colspan="3">・背上げの際に、上体が左右方向に不安定にならないようサポートする</td></tr>
<tr><td>対　象</td><td colspan="3">・背を起こした際に、体幹が左右に倒れてしまうリスクのある人</td></tr>
<tr><td>商品名等</td><td colspan="3">●マルチフィット（フランスベッド）</td></tr>
</table>

種　　目	特殊寝台	タイトル	サイドのフラット形状 （立ち上がりサポート）

図3-11

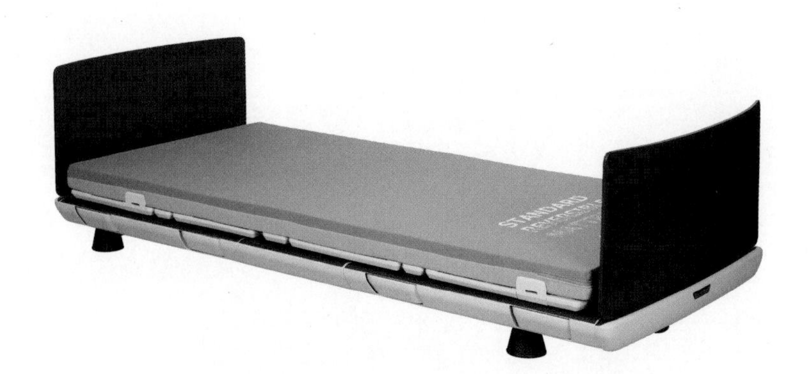

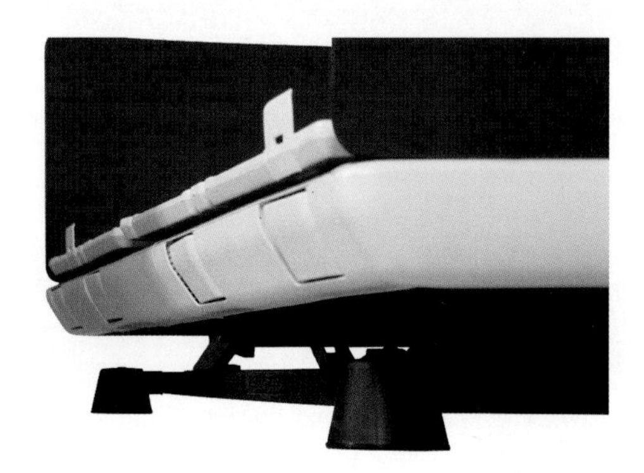

リライフネクスト

性能特徴	・サイドを一直線のフラット状にし、どこからでも立ち上がりが可能 ・傾斜をつけているため、足を引きやすく立ち上がりをサポートする
コメント	・フラットで立ち上がりや移乗がしやすい ・ベッド枠を差し込むホルダーは、自動で出し入れができるホルダーを採用している
対　　象	・立ち上がりがやや不安定な人
商品名等	●**リライフネクスト**（ランダルコーポレーション）

<table>
<tr><td>種　目</td><td>特殊寝台</td><td>タイトル</td><td>高さ調節機能</td></tr>
<tr><td colspan="4">図3-12

ヨカロ</td></tr>
<tr><td>性能特徴</td><td colspan="3">・ベッドの高さを介護者が介助しやすい高さにすることができ、介護者が膝や腰を曲げずに介助できる
・利用する人が立ち座りしやすい高さに調節できる</td></tr>
<tr><td>コメント</td><td colspan="3">・利用者の立ち座り動作で高さ調整を行う場合は、ベッド用手すりを併せて使用することで、動作が行いやすくなる
・背が高い介護者にとっても、介助しやすい高さまで上げることができる
・高さ調節が垂直昇降式だとスイング式に比べてベッドの設置スペースが少なくてすむ</td></tr>
<tr><td>対　象</td><td colspan="3">・座位保持や立ち上がりが困難な人
・ベッド上での介助動作が必要で、介護者の身長が高い場合</td></tr>
<tr><td>商品名等</td><td colspan="3">●ヨカロ　床面からの高さ25 ～ 73cm
（固定脚の仕様を変更すると30 ～ 78cm）（プラッツ）

●電動ケアベッドRS-X　床面からの高さ28 ～ 61cm
（パナソニックエイジフリー）</td></tr>
</table>

<table>
<tr><td>種　目</td><td>特殊寝台</td><td>タイトル</td><td>高さ調節機能（低床）</td></tr>
<tr><td colspan="4">図3-13

フロアーベッド</td></tr>
<tr><td>性能特徴</td><td colspan="3">・ベッドを低い位置（低床）にすることで、ベッドから床の移動が座位のままでき、安心できる
特に夜間のベッドからの転落防止の安全性と安心感をもたらす
・布団の利用になじみのある人には受け入れやすい</td></tr>
<tr><td>コメント</td><td colspan="3">・ベッドを低くすることで、就寝時のベッドからの転落不安をなくす
・立ち座りやベッド上の介助動作を行う場合には、高さを上げて使うことができる</td></tr>
<tr><td>対　象</td><td colspan="3">・認知機能の低下がある人や布団が好みの人</td></tr>
<tr><td>商品名等</td><td colspan="3">●フロアーベッド（床面からの最低高さ11cm）（フランスベッド）
●ラフィオ（床面からの最低高さ15cm）（プラッツ）</td></tr>
</table>

種　目	特殊寝台	タイトル	臥位から立ち上がりまでをサポートするベッド

図3-14

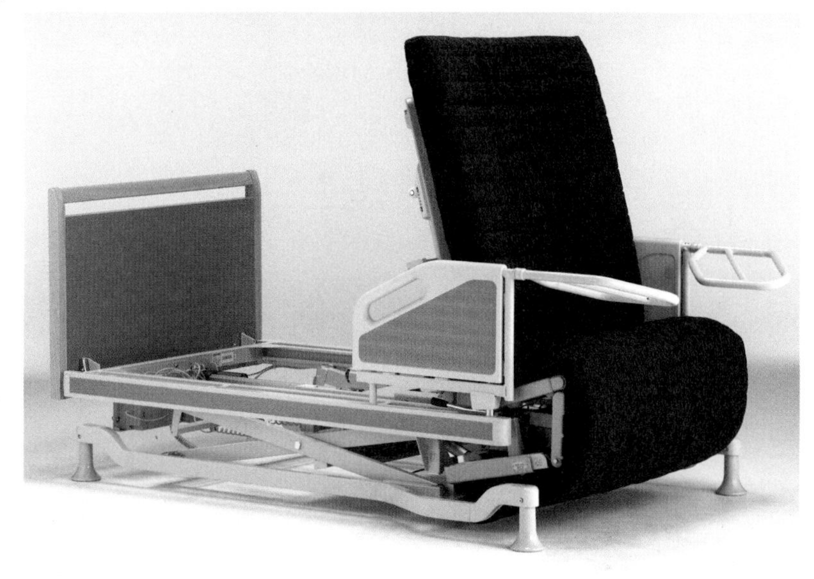

マルチポジションベッド

性能特徴	・座位や移乗、立ち上がりなどの一連の動きや姿勢保持をサポートする ・ベッドボトムなどをスライドすることで、座位保持や立ち上がりがしやすい
コメント	・座位保持や立ち上がりをトータルに補助することができる ・専用のマットレスが必要な場合がある ・立ち上がり等の動きの方向が限定されがちである
対　象	・起き上がりや立ち上がりが不安定な人 ・離床を促したい人
商品名等	●**マルチポジションベッド**（フランスベッド）

4 特殊寝台付属品

4-1 特殊寝台付属品利用のための基礎知識

特殊寝台付属品は、ベッドと一体的に用いられ、マットレスやサイドレール、テーブルなどがあります。

1）マットレス

寝心地が良く（安眠できる）、起居動作がしやすいマットレスが理想です。利用する方の状態によってマットレスの硬さやサイズを選びます。ベッドの背上げや脚上げなど行う場合、マットレスはその機能を妨げることはほとんどありません。

マットレスの選び方（図4－1）

基本的に、自分で動ける方には起き上がりや立ち上がりなど身体の動かしやすい硬めのマットレスが適しています。寝返りができない方には、床ずれになりにくい体圧分散効果のある柔らかめのマットレスを選びます。

図4－1. マットレス選択フロー

対　象	マットレスの機能	マットレスの種類
自分で動ける人向け	硬めのマットレス ・通気性や安定性に優れた、やや硬めのマットレス ・起き上がりや立ち上がりなどベッド上の動作がしやすい	標準的マットレス 高反発マットレス リバーシブルマットレス（硬め）
寝返りが打てない人向け	柔らかめのマットレス ・柔らかい素材で体圧分散に優れている ・体が沈みこみ寝返りや起き上がりがしにくい場合がある	低反発マットレス 腹部圧迫軽減マットレス リバーシブルマットレス（柔らかめ）

2）サイドレール

サイドレールは、転落防止や寝具の落下防止を防ぐために使われます。ベッド本体の周囲にある差し込み穴に差し込んで使いますが、ベッドの片側が壁である場合は、壁側にサイドレールを使わないこともあります。ベッドの全周囲にサイドレールを設置すると、端座位保持や立ち上がりが困難になり、身体拘束となる場合があるため注意が必要です。

サイドレールを選ぶに当たって、転落や寝具の落下を防止する標準的なサイドレール(高さはおおよそ50cm)、マットレスに厚みがある場合はサイドレールの乗り越えを防ぐための高さのあるサイドレール、ベッド用手すりと併用する場合はショートタイプのサイドレールにするなど、身体状況や起き上がり状況などによって、適切なものを選びます。サイドレールの柵の間に手を入れてしまう挟み込みリスクがある方には、カバー付きのタイプも使われます。サイドレールは安全性の観点から、ベッド本体と同じメーカーのものを選択します。

サイドレールの差し込み口がベッドフレームの下部に収納できるタイプのものであれば、立ち上がりや移乗動作の妨げになりません。

3）ベッド用手すり

ベッド用手すりは、起き上がりや立ち上がり、車いす移乗などの動作を行う際に使用するもので、ベッド本体にしっかりと固定して使います。

手すりとして掴まる部分は、床と平行に回転する構造になっています。回転角度や使い方、可動部分の固定や解除方法、手すり本体の取り外し方法などメーカーにより異なります。

ベッド用手すりは、起き上がりや立ち上がりの補助が必要な場合に選択されます。

ベッド本体に使用するため、ベッド本体と同じメーカーのものを選びます。

4）テーブル

ベッド上で食事をするなど、ベッドで使用することを前提としたテーブルです。ベッドの片側から入れるもの、門型の脚があるもの、サイドレールに載せて使用することができるものなど様々なタイプがあります。利用者の体格に合わせて高さや幅が調整できるものもあります。活動しやすいような姿勢や使用方法を考慮してテーブルを選びます。

5）スライディングボード

スライディングボードは、表面が滑りやすい素材の板状の構造で、車いすとベッドなど移乗する際の橋渡しとして使われます。

スライディングボードの対象となる方は、立ち上がりが困難だが端座位が安定している方や掴まれば端座位が可能な方です。スライディングボードを用いることで、座位移乗を可能にし、移乗に伴う負担を軽減することができます。また、介護者にとって「持ち上げない介助」を行うことになり腰痛などのリスクを軽減することができます。

スライディングボードは、長方形、楕円形、ブーメラン型など様々な形状やサイズがあります。車いすのパイプに挟んで使用するものや折りたたみができて持ち運びに便利なものもあります。利用者の体格や介助場面を踏まえ、適切な大きさのスライディングボードを選択します。

ベッドと車いす間の移乗にスライディングボードを使う場合は、その使用方法からベッドの高さが調節できる、車いすのアームサポートやフットサポートが着脱できることが前提として必要です。

スライディングボードはその表面を滑って移動するため、衣服を着けていない状態では使うことができません。

6）スライディングマット

スライディングマットは、寝た状態のままベッドとティルト・リクライニング車いすなどを移乗する場合に使用されます。一般的には介護者２人で移乗介助を行います。移乗介助のしやすさを考慮してスライディングマットを選びます。

介護者はスライディングマットの使い方に慣れておく必要があります。

7）介助用ベルト

介助用ベルトは、スライディングボードや回転盤などによる移乗介助を行う際に、動作の誘導や介助負担を軽減するために、介助を受ける方の腰に装着して使われます。

逆に介助を受ける方ではなく介護者の腰に巻き付けて立ち座りなど介助を受ける方の手がかりとして使うこともできます。

介助用ベルトは、ベルトを引き上げるように使うとベルトがずれてしまうため、介護者は動作を誘導するように使います。

介助用ベルトは、介護保険では「貸与」に該当しますが、入浴時に使う入浴用介助ベルトは、「特定福祉用具購入」に該当します。

8）回転盤

回転する円形の薄型板の構造で、軽量です。掴まって立ち上がりや立位保持ができる方が移乗動作で足をうまく踏みかえられない場合に、方向転換をサポートするために使われます。介助する場合身体の回転をサポートしますが立位姿勢がより不安定になるため、利用する方と介護者双方の十分な理解と協力が必要です。

4-2 特殊寝台付属品の種類と特徴

1）マットレス

種　目	特殊寝台付属品		タイトル	マットレス
図4-2		対　象	性能・特徴	コメント・商品名等
硬めのマットレス （身体を動かしやすい） プレグラーマットレス		・自分で動ける人	・標準的なマットレス ・通気性や安定性に優れたやや硬めのマットレス ・起き上がりや立ち上がりなどベッド上の動作がしやすい ・端座位がしやすいようベッド端が硬いもの、表裏で硬さを変え、使い分けができるもの、通気性と寝返りのしやすさが効果的な高反発マットレスもある	●**プレグラーマットレス** （パラマウントベッド） ●**ファイバーマットレス** （フランスベッド） ●**Fit Tex** （シーホネンス） ●**エバーフィットマットレス** （パラマウントベッド） ●**リバーシブルマットレス**（硬め） （フランスベッド） ●**CORE Mattress** （シーホネンス）
柔らかめのマットレス （体圧分散） 腹部圧迫軽減マットレス		・寝返りや起き上がりがしにくい人	・体圧分散効果がある低反発マットレス ・柔らかい素材で体圧分散に優れている ・腹部圧迫軽減マットレスは、背上げの時、下方にずれるのを防ぎ、腹部への圧迫感を軽減する	●**低反発ウレタンマットレス** （フランスベッド） ●**腹部圧迫軽減マットレス** （フランスベッド） ●**リバーシブルマットレス**（柔らかめ） （フランスベッド）

2）サイドレール

種　　目	特殊寝台付属品		タイトル	サイドレール
図4－3	対　　象	性能・特徴	コメント・商品名等	
ベッドサイドレール	・標準的なサイドレールが適した人 ・床ずれ予防マットレスを使う人 ・ベッド用手すりを使う人	・標準的なサイドレール（高さ約50cm） ・高さのある（約56cm）サイドレール ・ベッド用手すりとの組み合わせに適した幅の狭いサイドレールがある	**●ベッドサイドレール KS-161Q** （パラマウントベッド）	
ソフトガードサイドレール KS-019A	・身体の挟み込みが心配な人	・サイドレールガード ・クッション性の高いウレタンフォーム入りのビニールレザー張りカバー付きのサイドレール ・オーバーテーブル等は使用できない	**●ソフトガードサイドレール KS-019A** （パラマウントベッド）	

3）ベッド用手すり

種　　目	特殊寝台付属品		タイトル	ベッド用手すり
図4－4	対象	性能・特徴	コメント・商品名等	
スイングアーム介助バー KS-099A	立ち上がりに手すりを必要とする人	・立ち上がる動作を支援する手すり ・手すりの回転角度は、15度ごとなど機種によって様々 ・取り付け・取り外しが簡単なワンタッチ固定もある ・アーム部の隙間をふさぐソフトカバーがあるものもある	**●スイングアーム介助バー KS-099A** （パラマウントベッド） **●回転式アーム介助バー K-47R** （シーホネンス） **●ベッド用グリップ GR-510** （フランスベッド）	
ニーパロ+（プラス）	〃	・膝パットに膝を当てて立ち上がるため安心して移乗できる ・手すりの回転は、自動ロック機構	**●ニーパロ+（プラス）** （プラッツ）	

4）テーブル

種　目	特殊寝台付属品	タイトル	テーブル
図4－5	対象	性能・特徴	コメント・商品名等
サイドテーブル ベッドサイドテーブル KF-1950A 天板型オーバーテーブル オーバーベッドテーブル ST-120 N オーバーベッドテーブル 四輪ロック式オーバーベッドテーブル PT-8000F	ベッド上で食事や作業を行う人	**サイドテーブル** ・ベッドの片側から入れ任意の高さに設定できる **天板型オーバーテーブル** ・ベッドサイドレール等に橋渡しする ・天板型は、テーブルの高さが固定されるため無理な座位姿勢にならないか確認が必要 **オーバーベッドテーブル** ・ベッド足側から差し込んで使用 ・超低床ベッドのようにサイドテーブルが横から差し込めないベッドでも使用可能	**●ベッドサイドテーブル KF-1950** (パラマウントベッド) **●オーバーベッドテーブル ST-120 N** (フランスベッド) **●四輪ロック式オーバーベッドテーブル　PT-8000F** (シーホネンス)
上肢サポート付きサイドテーブル 笑（えみ）テーブル		・食事時、肘を下げずに口に食べ物を運びやすい角度と高さに上肢を支える ・ベッドサイドテーブルに簡単に取り付けができる ・高さや幅が利用者の体格に合わせて調整が可能	**●笑（えみ）テーブル** (シーホネンス)
背部開放型端座位保持テーブル 端座位保持テーブル Sittan	座位保持が不安定な人	・端座位保持が不安定な人向けの自立支援用テーブル ・背もたれの形状が合わない場合やマットレスが柔らかすぎると端座位保持が難しい場合がある	**●端座位保持テーブル Sittan** (パラマウントベッド)

5）スライディングボード

<table>
<tr><td>種　目</td><td colspan="2">特殊寝台付属品</td><td>タイトル</td><td>スライディングボード</td></tr>
<tr><td colspan="2">図4-6</td><td>対　象</td><td>性能・特徴</td><td>コメント・商品名等</td></tr>
<tr><td colspan="2">イージーグライド
バイキングボード</td><td>・手を離しても端座位が安定する人
・掴まれば端座位が可能な人</td><td>・主に座位でベッドから車いすなどへ移乗する際に使用する</td><td>●イージーグライド
（パラマウントベッド）
●バイキングボード
（ラックヘルスケア）</td></tr>
</table>

6）スライディングマット

<table>
<tr><td>種　目</td><td colspan="2">特殊寝台付属品</td><td>タイトル</td><td>スライディングマット</td></tr>
<tr><td colspan="2">図4-7</td><td>対　象</td><td>性能・特徴</td><td>コメント・商品名等</td></tr>
<tr><td colspan="2">フレックスボード</td><td>・ベッドからの起き上がりや座位保持に介助が必要で、端座位保持ができない人</td><td>・利用者を持ち上げずに、ロール状のシートの上を滑らせて移乗する</td><td>●フレックスボード
（ラックヘルスケア）
●イージーロール
（アビリティーズ・ケアネット）</td></tr>
</table>

7）介助用ベルト

種　目	特殊寝台付属品		タイトル	介助用ベルト
図4-8		対　象	性能・特徴	コメント・商品名等
フレキシベルトハグ		・支持物を使えば立ち上がりや立位保持ができる人	・立ち上がり、座位移乗の際に使用する介助ベルト ・介護者の腰痛対策ツールとしても使用できる	**●フレキシベルトハグ** （パラマウントベッド） **●マスターベルト** （ラックヘルスケア） **●テイコブ移乗用介助ベルト** （幸和製作所）

8）回転盤

種　目	特殊寝台付属品		タイトル	回転盤
図4-9		対　象	性能・特徴	コメント・商品名等
ターンテーブルハード		・移乗時に足がうまく踏みかえられない人 ・支持物を使えば立ち上がりや立位保持ができる人	・移乗する時に足の踏みかえが困難な人の方向転換をサポートする ・介護者が足で回転を制御しやすい薄型の構造	**●ターンテーブルハード** （パラマウントベッド） **●エタックターンフロア** （パシフィックサプライ） **●イージーターン** （ラックヘルスケア）

5 床ずれ防止用具

5-1 床ずれ防止用具利用のための基礎知識

介護保険の福祉用具貸与で対象になる床ずれ防止用具は、送風装置もしくは空気圧調整装置を備えた空気マット（エアマットレス）及び水、エア、ゲル、ウレタン等によって減圧による体圧分散効果をもつ全身用のマットに限るとされています。大別すると、静止型マットレス、圧調整型（圧切替型）マットレスになります。

寝返りが困難で寝たきりの状態になると、身体の重さで圧迫されている部位の血流が滞り、皮膚が赤くなるなど床ずれが起こりやすくなります。床ずれのできやすい部位は、仰向けに寝ている状態では仙骨部や肩甲骨、踵などです。床ずれが発生する要因として、皮膚への圧迫やずれだけでなく栄養状態や皮膚のふやけ、関節の拘縮など多くの要因が重なっています。

床ずれ防止用具（床ずれ防止マットレス）は、主として日常的に寝返りが困難な方が対象になりますが、自力で寝返りができる方も対象となる場合があります。

床ずれ防止マットレスの選定

利用者の状態に合わせて選定します。自分で寝返りなど身体の向きを変えられる方には、その動き（活動性）を重視して選定します。自分で身体の向きを変えられない方は、体圧分散を考慮して選定します。既に床ずれがある方にはその症状に応じて選定します。

選択に当たっては、床ずれの状態（床ずれステージ）やＯＨスケールなどのリスク判定の結果を参考にします。（図５－１）

床ずれ防止マットレスの選定は、利用する方の皮膚状態等は経時的に変化するため、一度選定したら終了ということではなく随時見直しが必要です。

図５－１．床ずれ防止マットレスの選定の目安

床ずれステージ（NPUAP分類）

予防	床ずれができていないができる可能性がある人	⇒	静止型・圧調整型マットレス
ステージⅠ	指で押しても白くならない赤斑	⇒	静止型・圧調整型マットレス
ステージⅡ	表皮の剥離、水疱、浅い皮膚損傷	⇒	静止型・圧調整型マットレス
ステージⅢ	深いクレーター上の皮膚損傷	⇒	圧調整型マットレス
ステージⅣ	皮膚の破壊がみられる深い皮膚損傷	⇒	圧調整型マットレス

OHスケール

体位交換（寝返り）	できる	0点	どちらでもない	1.5点	できない	3点
病的骨突出	なし	0点	軽度・中等度	1.5点	高度	3点
浮腫	なし	0点	—		あり	3点
関節拘縮	なし	0点	—		あり	1点

1～3点：軽度リスク　⇒　厚さ10cm未満　静止型マットレス
4～6点：中等度リスク　⇒　厚さ10cm以上　静止型マットレス
7～10点：高度リスク　⇒　圧調整型マットレス

5-2 床ずれ防止用具の種類と特徴

床ずれ防止用具（マットレス）は、①電源を使わず水、ゲル、ウレタン等のマットレス自体で体圧分散効果を発揮する「静止型マットレス」と、②電源に繋ぎマットレス内の空気圧の調整を行う「圧調整型マットレス」に分けることができます。

床ずれ防止マットレスは、端座位をとりやすいタイプや除湿機能のあるタイプ、背上げに対応するタイプ等様々なものがあります。

電源が必要なタイプの停電時の対処法は、マットレスにより異なりますので、事前に確認しておきます。

種　目	床ずれ防止用具	タイトル	静止型マットレス
図5-2	対　象	性能・特徴	コメント・商品名等
アルファプラF	・自力で寝返りができる人 ・OHスコア軽度から中等度レベルの人	・ウレタンフォームの多層構造やウレタンフォームとゲルの組み合わせたもの、リバーシブルタイプなどがある ・体圧分散、快適性、安定性を保ち動きやすさをサポートする	**●エバープラウド** (パラマウントベッド) **●アルファプラF** (タイカ) **●キュオラ通気タイプ** (ケープ) **●アルファプラFⅡ** (タイカ)

種　目	床ずれ防止用具	タイトル	圧調整型マットレス
図5-3	対　象	性能・特徴	コメント・商品名等
クライメイト ビックセルアイズ	・自力で寝返りできない人 ・OHスコア高度レベルの人	・空気の入ったセルが一定時間ごとに膨らみ、圧力を分散する ・皮膚局所の温度・湿度管理に対応するファンモーターを搭載したものもある ・起き上がりや寝返りや端座位を検知し、圧を自動で調整するものもある	**●エアマスタービックセルインフィニティー** (厚さ17cm ケープ) **●クライメイトビックセルアイズ** (厚さ15cm ケープ) **●エアマスターネクサス** (厚さ12cm ケープ) **●ここちあ利楽flow** (パラマウントベッド)

6 体位変換器

6-1 体位変換器利用のための基礎知識

姿勢や体位を整えることを体位変換といいます。体位変換の目的は、体圧分散による床ずれ防止、姿勢の安定を図る、関節拘縮の予防や改善、筋の緊張緩和、皮膚表面の通気性確保、浮腫の改善、ストレスの軽減などです。また、ベッド上介助などの介助の負担軽減にも繋がります。

クッション、体位変換機能があるマットレスなどが使われます。体位変換機能があるマットレスは、自力で体位変換ができない方が対象となります。

6-2 体位変換器の種類と特徴

体位変換器は、差し込み型のクッション、体位変換機能があるマットレス、体位保持サポート、起き上がり補助装置、介助グローブ（介護保険の対象となりません）があります。

種　目	体位変換器	タイトル	体位変換クッション
図6－1	対　象	性能・特徴	コメント・商品名等
ウェルピー HC	・体位変換の必要がある人 ・床ずれのリスクがある人	・身体を支える面積が広がるため、安楽な体位を作ることができる ・体位変換の介助動作負担を減らすことができる ・身体状況によって、様々な形状や大きさのクッションを使う ・持ち手があるものや支える面積が広いタイプ、長細いタイプ、カーブタイプ等様々なタイプがある	・スライディングシートやスライディンググローブを使うと姿勢を整えやすくなる ●**ナーセントパットA**（アイ・ソネックス） ●**ウェルピー HC**（タイカ） ●**バナナフィット**（パラマウントベッド） ●**ロンボクッション**（ケープ）

種　目	体位変換器	タイトル	体位変換機能があるマットレス
図6－2	対　象	性能・特徴	コメント・商品名等
ラグーナ	・自力でベッド上の体位変換が行えない人	・骨盤を中心とした対角線上の小さな体位変換を行う、床ずれ予防機能がある ・ベッドの背上げ角度に応じて柔らかさと動きを適切な状態に自動調整する	●**ラグーナ**（ケープ）

種　目	体位変換器		タイトル	その他の体位変換器
図6-3		対　象	性能・特徴	コメント・商品名等
体位保持サポート ペンギンサポート		・体位変換やおむつ交換等が必要な人 ・寝位置の修正が必要な人	・寝返り介助やおむつ交換などの介助に使用できる ・薄い素材で差し込むタイプ、厚みのある把手付きのタイプがある	**●ペンギンサポート** (パラマウントベッド) **●ライトターン** (アイ・ソネックス)
起き上がり補助装置 起き上がり補助装置 ルーパームーブ		・床での寝起きをされている人	・マットレス自体が起き上がるタイプ、本体の上にマットレスや布団を置くタイプがある	**●起き上がり補助装置 ルーパームーブ** (フランスベッド)
スライディングシート 移座えもんシート		・ベッドや車いす上の体位変換が必要な人	・ベッド、車いす上での身体の位置修正、移乗動作の介助などに使われるシート	**●移座えもんシート** (モリトー) **●トランスファーシート** (ウィズ)
介助グローブ 介助グローブ		・ベッドや車いす上の体位変換が必要な人	・介護保険貸与品目ではない ・体位変換やベッド上での移動介助、背上げに伴う圧抜きなどで使われる	**●介助グローブ** (ケープ) **●スライディング グローブ** (ウィズ)

7 手すり

7-1 手すり利用のための基礎知識

手すりは、移動や起き上がり、立ち上がり、方向転換を補助してくれます。立ち上がりに不安がある、軽度の利用をする方にとって有効な福祉用具です。また、組み合わせることにより連続した動きに対応できます。

介護保険で給付される手すりは、福祉用具貸与、特定福祉用具販売（浴槽用手すり）、住宅改修がありますが、福祉用具貸与、福祉用具販売においては、取り付けの際工事を伴わないものに限ります。

この章では、福祉用具貸与に係る手すりについて述べます。

浴槽用手すりについては、［第２節　特定福祉用具販売　４．入浴補助用具　P.103～106］を参照してください。

福祉用具貸与の手すりは、壁などに取り付けが難しい空間に設置することができ、取り付けの際工事を伴わない手すりなので、賃貸住宅にも適しています。

設置方法により①据置型、②突っ張り型に分類されます。

① 据置型

ベース部と手すり部からなり、床において使用します。手すり部を押す（プッシュアップ）ことで、立ち上がりや身体のバランスを保つ補助となります。ベース部の大きさ、重さが手すりの耐荷重に繋がります。手すり部のグリップの形状により、握って使う、前腕部で支えるなどの種類があります。

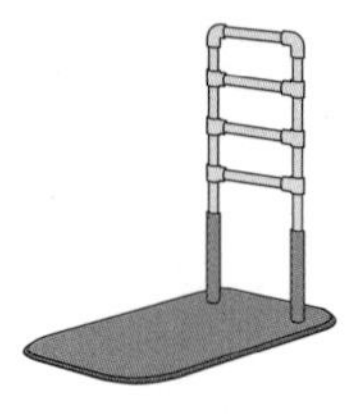

据置型

② 突っ張り型

垂直型の手すりを天井と床で突っ張り固定し、手すりを掴み、引いて立ち上がるのが、基本の使い方です。床や天井の構造や強度により、設置可能か確認する必要があります。突っ張り型の場合、事業者による確実な取り付けが必要になり、位置の変更などは事業者が行うことになります。

突っ張り型

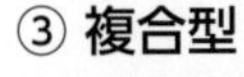

③ 複合型

複数の据置型の組み合わせ、複数の突っ張り型を水平のバーで繋ぐことなどで、手すりの付けられない空間に移動のための手すりを設けることができます。(壁などがない場所での手すり設置)

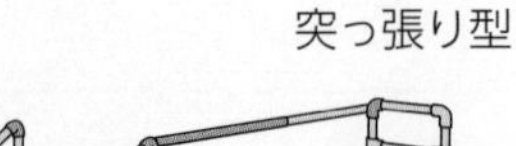

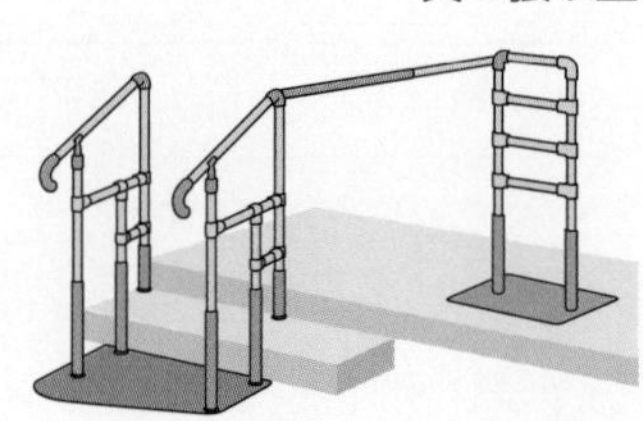

複合型

7-2 手すりの選び方のポイント

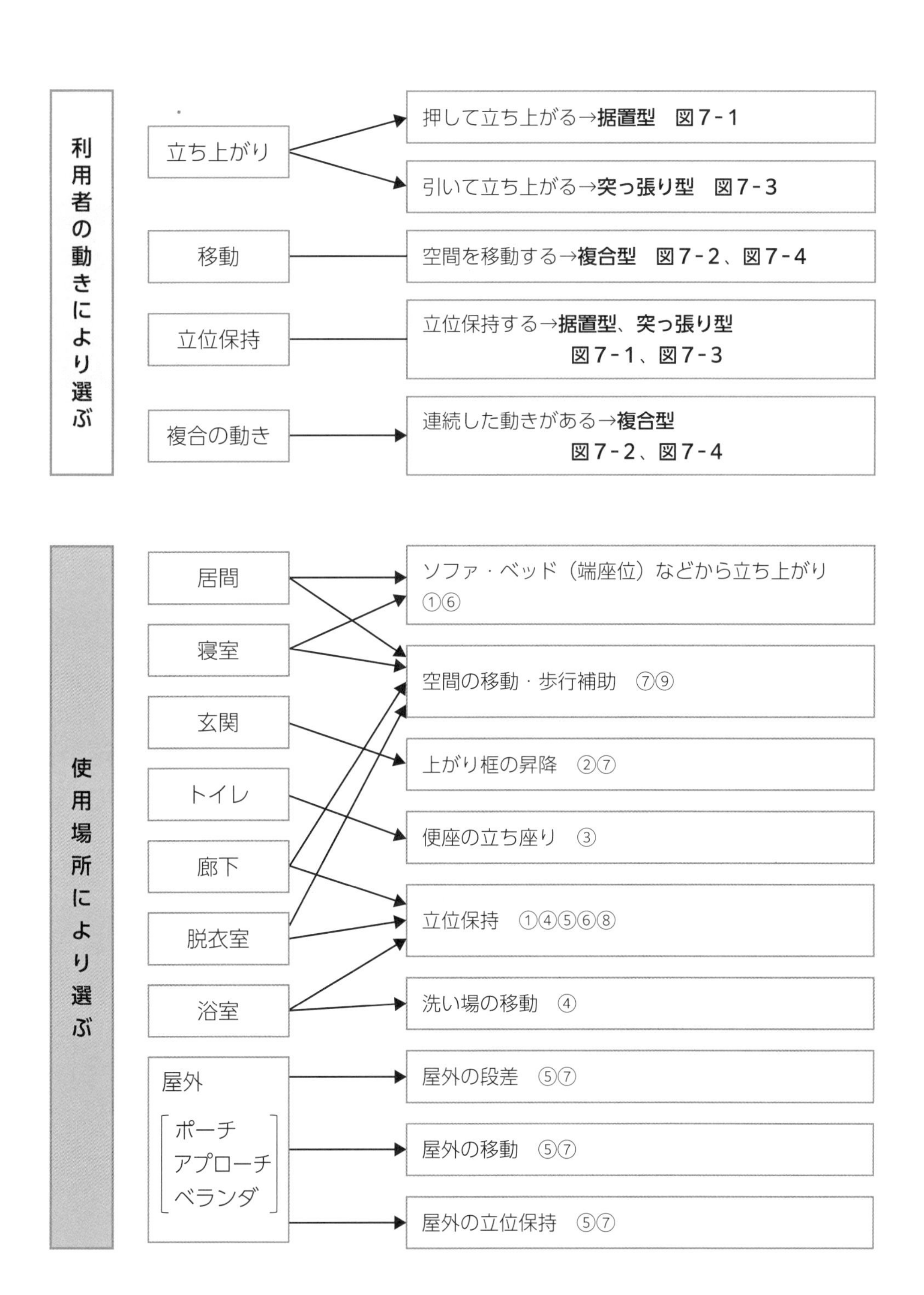

7-3 手すりの種類と特徴

種　目	手すり		タイトル	据置型
図7-1	対　象	性能・特徴	コメント・商品名等	
たちあっぷ ① CKA-12	・立ち上がりに不安のある人	・ベッド・ソファからの立ち上がり ・コの字型は、立ち上がった後の歩き出しを補助 ・布団からの立ち上がりに、下段から上段に持ち替えて立ち上がる	●**たちあっぷ、たちあっぷⅡ**（矢崎化工） ●**たよレール**（マツ六） ●**ツインディ、スムーディ屋内用**（パナソニックエイジフリー） ●**マルチフィットてすり**（フランスベッド）	
ツインディ玄関用 ②	・玄関などの上がり框の昇降が難しい人	・上がり框用 ・上がり框の高さにより選択 ・踏み台を併用することで高い段差の解消可 ・片側のみもあり ・両側に手すりがあると、上り下りで同じ側の手を使うことができる ・床に工事等で固定した場合、住宅改修となる	●**あがりがまち用たちあっぷ**（矢崎化工） ●**ツインディ玄関用**（パナソニックエイジフリー）	
洋式用トイレフレーム ③ SはねあげR-2	・トイレの座り、立ち上がりに不安のある人	・トイレ用 ・床に工事等で固定した場合、住宅改修になるが、便器に固定することで貸与可 ・アームはね上げにより、水平移乗が容易になる	●**洋式用トイレフレームSはねあげR-2**（アロン化成） ●**洋式トイレ用ベストサポート手すり**（シコク） ●**トイレ用たちあっぷⅡ**（矢崎化工） ●**洋式トイレ用スライド手すり**（パナソニックエイジフリー） ●**洋式トイレ用ベストサポート手すりFB**（フランスベッド）	

種　　目	手すり	タイトル	据置型
図7-1	対　　象	性能・特徴	コメント・商品名等
 ふくよく床置き式 手すり水回りに もってこい　④	・洗い場での空間移動や立位保持が不安な人 ・壁に手すりを取り付けられない場合	・外部、水回り ・耐水性、対候性に優れる素材	●**ふくよく床置き式手すり水回りにもってこい** （サテライト） ●**自在手すりツインディ<水廻り用>** （パナソニックエイジフリー）
BS小桜  歩行サポート 手すり スムーディ 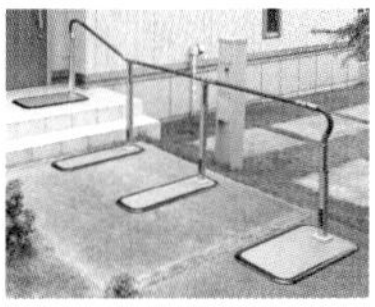 ※写真はロング3460タイプ ⑤	・軒先やベランダでバランスを崩しやすい人 ・住宅改修での手すりが設置できない場所、場合 ・玄関先の段差の歩行補助	・軒先（ベランダ・ポーチ） ・耐光性、耐水性に優れる素材	●**BS小桜、BS小路** （シコク） ●**歩行サポート手すりスムーディ** （パナソニックエイジフリー）

※据置型浴室用手すりの扱いについて：貸与の手すりは居室、便器またはポータブルトイレに限るので浴室は触れられていませんが、洗い場で使用する据置手すりで貸与対象になる場合もあります。

<table>
<tr><td>種　目</td><td colspan="2">手すり</td><td>タイトル</td><td>据置型</td></tr>
<tr><td colspan="2">図7-1</td><td>対　象</td><td>性能・特徴</td><td>コメント・商品名等</td></tr>
<tr><td colspan="2">メンディ
ツインディ
たちあっぷⅡ
ひざたっち
⑥</td><td>・手すりを握ることが難しい人：面型
・立ち上がった後の方向転換難しい人：回転型</td><td>・手すりに面型、回転型など他の機能を付加</td><td>●メンディ、ツインディ、スタンディ
（パナソニックエイジフリー）
●かいじょくん、たちあっぷⅡたててすり、たちあっぷⅡひざたっち
（矢崎化工）</td></tr>
</table>

<table>
<tr><td>種　目</td><td colspan="2">手すり</td><td>タイトル</td><td>据置型
複合型</td></tr>
<tr><td colspan="2">図7-2</td><td>対　象</td><td>性能・特徴</td><td>コメント・商品名等</td></tr>
<tr><td colspan="2">つながるくん
楽起（らっきい）
リンクシリーズ
⑦</td><td>・立ち上がりから移動までの一連の動きが難しい人</td><td>・据置型＋手すり立ち上がりから空間移動</td><td>●つながるくん
（矢崎化工）
●楽起（らっきい）リンクシリーズ
（山崎産業）
●スムーディ＋つながる面手すり
（パナソニックエイジフリー）
●マルチフィットてすりんく
（フランスベッド）</td></tr>
</table>

種　目	手すり	タイトル	突っ張り型
図7-3	対　象	性能・特徴	コメント・商品名等
ベスポジーe ⑧	・「立つ」「座る」「歩行」「立位保持」に不安のある人	・床と天井を突っ張ることにより設置	●ベスポジーe (DIPPERホクメイ)
オプション ベスポジーe　ベスポジーe　ベスポジーe			・基本の突っ張り型のポールにオプションを付けることで、握りやすく、プッシュしやすく、安定感が増す ・方向転換も可能 ●ベスポジーe (DIPPERホクメイ)

種　目	手すり	タイトル	突っ張り型 複合型
図7-4	対　象	性能・特徴	コメント・商品名等
ベスポジーe ⑨	・空間の移動に手すりが欲しい人 ・開口部にも連続した手すりが欲しい人 ・壁などに傷を付けたくない場合	・突っ張り型を複数連続することで空間に手すりを設けることができる ・開閉可能な横手すりを組み合わせることにより、連続した手すりの設置が可能となる ・設置可能な床・天井の素材、強度の確認が必要となる ・段差にも対応できる	●ベスポジーe (DIPPERホクメイ)

8 スロープ

8-1 スロープ利用のための基礎知識

スロープは、屋外や屋内での段差の解消のために用いられます。屋外の場合は、車いすや歩行車等の使用している福祉用具に合わせた幅を選択します。

スロープは勾配が急すぎると使用が困難となるため、段差の高さに対するスロープの長さは、車いすを自力駆動する場合で高さの10倍程度、介助による駆動では６倍程度は必要である[1)] とされています。

しかし、敷地や家屋の状況から上記の長さが難しい場合もありますので、事前に実際に使用する方が試し、設置方法、保管場所を検討する必要があります。

1）東京商工会議所編：改訂６版福祉住環境コーディネーター検定試験２級公式テキスト、P.387、東京商工会議所、2022年２月18日

8-2 スロープの種類と特徴

種　目	スロープ	タイトル	屋内外用スロープ
図	対　象	性能・特徴	コメント・商品名等
室内用ラバースロープ スロープビルド　１本タイプ ダンスロープ エアー２ ワンタッチスロープ	車いすや歩行器等で段差を乗り越える人	・屋内用は、主に居室入り口の段差の解消のために設置する ・屋外用は、一体型や巻き取り式や環境に合わせて省スペースで設置できるタイプや２本レールタイプがある	**●室内用ラバースロープ** （リッチェル） **●スロープビルド１本タイプ** （アビリティーズ・ケアネット） **●ダンスロープ エアー２** （ダンロップホームプロダクツ） **●ワンタッチスロープ** （リッチェル） **●ダイヤスロープ** （シンエイテクノ） **●ポータブルスロープ** （イーストアイ） **●Lスロープ** （シコク）

9 歩行器

9-1 歩行器利用のための基礎知識

歩行器は、身体の前と左右を囲むコの字型のフレーム構造からできています。そのため、つえと比較すると利用者の体重をより多く支えることができます。

歩行器には、四脚歩行器と車輪付き歩行器があります。四脚歩行器は歩行器全体を持ち上げ前方に下ろすので、多少の腕力が必要になります。

車輪付き歩行器は、歩行器の脚に車輪が付いているため、腕力が低下した方に適しています。

家の中で安全に移動したい方で姿勢が安定している方にはウォーカータイプを、不安定な方には、肘で支持ができるタイプの歩行器が適しています。

外出時に身体を預けられるような安定感が必要な方には、身体をハンドルの中に入れて歩行ができるタイプのものが適しています。

歩行器には様々な機能や種類がありますので、ご自分にあったものを選びましょう。

9-2 歩行器の選び方のポイント

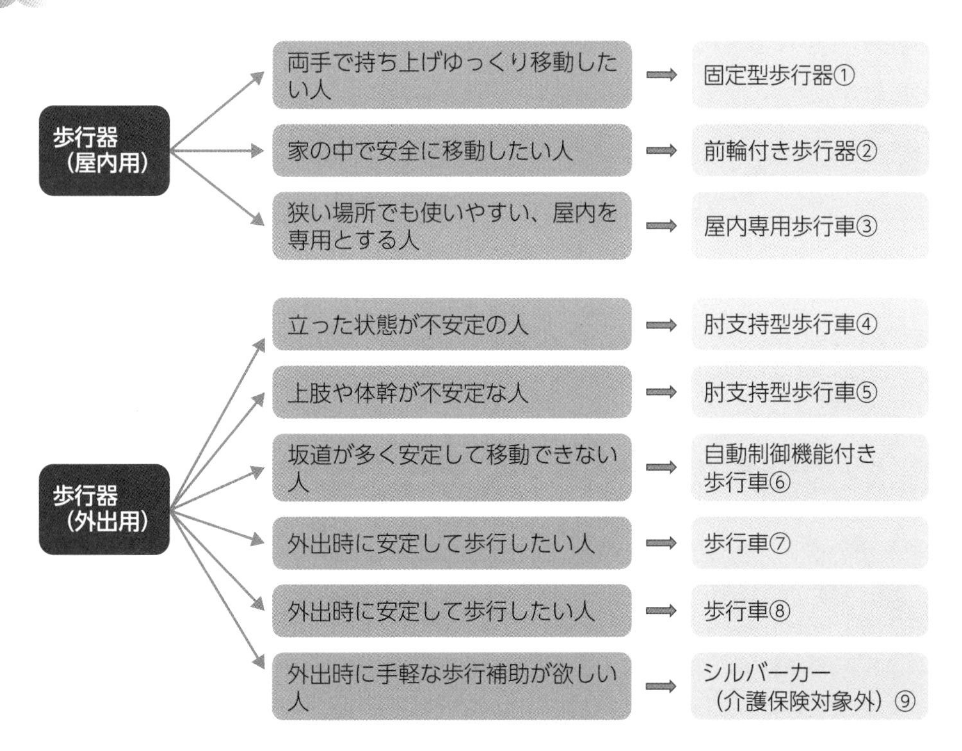

9-3 歩行器の種類と特徴

種　目	歩行器	タイトル	室内で安全に移動 狭い場所でも使いやすい
図	対　象	性能・特徴	コメント・商品名等
① Mgウォーカー Ⅳ型	・家の中や、施設内などを移動する人 ・立位ができる人 ・ある程度の腕力がある人 ・家の中で安全に移動したい人	・軽量 ・たためる ・コの字型が固定している固定型歩行器 ・左右のフレームを別々に動かせる交互型歩行器（**セーフティーアーム交互式**）	・軽量でコンパクトな歩行器 ・小柄な人にお勧め ・持ち上げ動作が容易 ●**Mgウォーカー Ⅳ型**（田辺プレス） ●**セーフティーアーム交互式**（イーストアイ） ●**セーフティーアーム固定式**（イーストアイ） ●**アルコー 10型**（星光医療器製作所）
② セーフティアームウォーカー	・家の中や、施設内などを移動する人 ・立位ができる人 ・ある程度の腕力がある人 ・家の中で安全に移動したい人	・コンパクト折りたたみ ・狭い廊下でも回転することができる ・前の２本の脚に車輪が付いた前輪型歩行器 ・前脚だけでなく後脚にも小さい車輪が付いている前輪自在輪型歩行器	・スイングキャスターとキャスター付きストッパーでスムーズな歩行 ・利用者の体格に合わせ幅サイズ調整可能 ●**スライドフィットEX**（ユーバ産業） ●**セーフティーアームウォーカー**（イーストアイ） ●**セーフティーVタイプウォーカー**（イーストアイ）
③ レッツゴー	・家の中や、施設内などを移動する人 ・立位ができる人 ・家の中で安全に移動したい人	・軽量 ・コンパクトタイプの屋内用歩行器 ・トレイ付き ・滑りにくいタイヤ（**テイコブリトルホームWAW05**）	・狭い場所でも扱いやすい ・小柄な人や狭い廊下でも使いやすい ・付属のトレイでお茶などが運べる ・屋内の移動に便利 ●**レッツゴー**（竹虎） ●**レッツゴーミニ**（竹虎） ●**テイコブリトルホームWAW05**（幸和製作所）

種　目	歩行器	タイトル	外出時に安定した歩行 坂道が多くても安定して移動
図	対　象	性能・特徴	コメント・商品名等
④ シトレアR	・手首に痛みがある人 ・腕力が弱い人 ・歩行の安定が維持できない人 ・立った状態でバランスが不安定な人	・コンパクト折りたたみ ・高さ調整 ・狭い廊下でも回転することができる ・移乗や立ち上がりが安全に行える ・手の力が弱くても大型パッドに身体を預けて歩行ができる ・抑速ブレーキ付き前腕支持型歩行車（幸和製作所）	・室内でも使いやすいコンパクトサイズ ・腕を支持台に乗せて、楽に歩行 ●**シトレアR** （幸和製作所） ●**コンパルリハモ** （ナブテスコ）
⑤ アルコー IS-T型	・手首に痛みがある人 ・腕力が弱い人 ・歩行の安定が維持できない人 ・立った状態でバランスが不安定な人	・コンパクト折りたたみ （**アルコー SK**） （**アルコー IS**） ・高さ調整 ・狭い廊下でも回転することができる ・移乗や立ち上がりが安全に行える ・ストッパーハンドル付き （**トレウォークスリム**）	・室内でも使いやすいコンパクトサイズ ・腕を支持台に乗せて、楽に歩行 ●**アルコー SK型** （星光医療器製作所） ●**アルコー IS-T型** （星光医療器製作所） ●**トレウォークスリム** （日進医療器）
⑥ ロボットアシストウォーカー RT.2	・歩行の安定が維持できない人 ・立った状態でバランスが不安定な人 ・坂道が多く安定して移動できない人	・折りたたみ ・高さ調整 ・速度調整 （速度をそれぞれ４段階で設定） ・片流れ防止 ・急加速時、下り坂など自動的にブレーキがかかる ・おしゃべり機能を搭載し、声で安全確認	・上り坂ではアシスト ・下り坂では自動減速 ●**ロボットアシストウォーカー RT.2** （竹虎） ●**ロボットアシストスマートウォーカー RW-01** （フランスベッド）

種　目	歩行器・シルバーカー	タイトル	外出時に安定して歩行 外出時に手軽な歩行補助

図	対　象	性能・特徴	コメント・商品名等
⑦ カワムラKW41	・足の力の弱い人 ・外出時に身体を預けて歩行したい人 ・上肢や体幹が不安定な人	・折りたたみ ・高さ調整 ・収納バッグ ・腰掛付き ・抑速ブレーキ付き **（カワムラKW41）** ・軽量でコンパクト、女性でも扱いやすい **（ミシェル）** ・大きめのキャスターが装備されているので安定感あり **（ハッピーⅡNB）** ・大容量バッグ付きでお買い物に重宝 **（リトルターン）**	・安全性と信頼性で安定した歩行 ●**カワムラKW41** （カワムラサイクル） ●**リトルターン** （アロン化成） ●**ミシェル** （幸和製作所） ●**ハッピーⅡNB** （竹虎）
⑧ テイコブリトルハイⅡ	・足の力の弱い人 ・外出時に身体を預けて歩行したい人 ・姿勢を保って歩行したい人	・折りたたみ ・高さ調整 ・押手が92cmまで上がる **（テイコブリトルハイⅡ）** ・ハンドルの高さは４段階、手元ブレーキ、傘立て付き **（シンフォニーSP）** ・収納バッグ ・腰掛付き ・軽くてスリム **（ヘルシーワンレジェール）**	・買い物や外出などの屋外向けに最適 ●**テイコブリトルハイⅡ** （幸和製作所） ●**シンフォニーSP** （島製作所） ●**ヘルシーワンレジェール** （ウィズワン）
⑨　シルバーカー（介護保険対象外） ライトミニM	・自力で歩ける人 ・外出時のつえ代わりの人 ・買い物の際荷物を運ぶのが大変な人	・折りたたみ ・高さ調整 ・押手が97cmまで上がる **（ライトミニM）** ・横押しショッピングカート、一時停止はボタンを押すだけ **（キャリーライトSN）** ・男性向け **（テノールEVO）**	・歩行器のようにしっかり身体を支える機能はありません ●**ライトミニM** （ウィズワン） ●**キャリーライトSN** （ウィズワン） ●**テノールEVO** （島製作所）

10 歩行補助つえ

10-1 歩行補助つえ利用のための基礎知識

歩行補助つえは、立位や歩行など身体を支えるための棒状の福祉用具で、松葉つえ、カナディアン・クラッチ、ロフストランド・クラッチ、プラットホーム・クラッチ、多点つえ、一本つえなどです。このうち、一本つえについては介護保険の貸与品目の対象となりません。また、ロフストランド・クラッチは、前腕部のカフと握りによって身体を支える構造で、似たタイプとして、カナディアン・クラッチがあります。カナディアン・クラッチは、カフの位置が上腕部から肘部にあり肘を伸ばす筋が弱くても使えるものですが、実際にはほとんどロフストランド・クラッチが使われるため本章では割愛しています。

歩行補助つえの役割は、次の通りになります。

- **免荷**：歩行補助つえを使って体重の一部を支えることにより、下肢にかかる荷重を減らす
- **バランス補助**：支持基底面を広げ、立位や歩行時の安定性を高める
- **歩行リズム**：歩行時に足を運ぶリズムを作る

つえの長さの合わせ方は、いろいろな方法がありますが、靴などを履いた状態で足の前方15cm、外方15cmにつえを保持した時に肘が少し屈曲した状態（150度）になる長さに設定する方法がよく用いられます。設定後、つえの長さが適しているかどうか実際に歩いてチェックすることが重要です。

10-2 歩行補助つえの選び方のポイント

身体状況や利用場所を考慮して歩行補助つえを選択します。（図10-1）

その他、つえの重さ、丈夫さ、グリップの握りやすさを考慮して選択します。

適切なつえの長さも重要です。

図10-1. 歩行補助つえの選び方

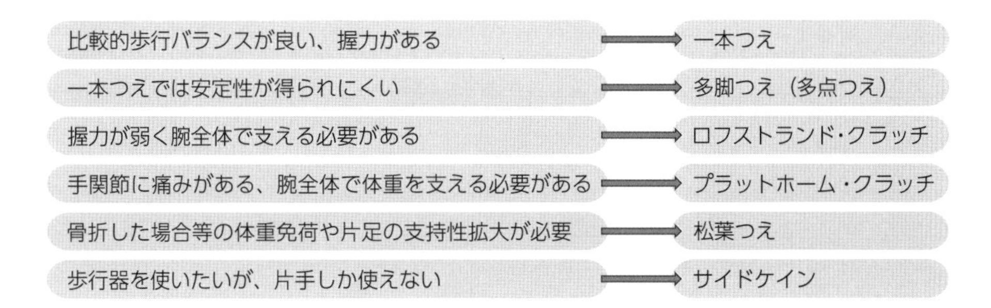

10-3 歩行補助つえの種類と特徴

種　目	歩行補助つえ	タイトル	歩行補助つえ
図10-2	対　象	性能・特徴	コメント・商品名等
一本つえ かるがもファムⅡ伸縮 **【つえの形状】** C字型　T字型　L字型（オフセット型）	・比較的歩行バランスの良い人 ・握力のある人	・もっとも普及しているタイプのつえ ・つえの形状は、C字型、T字型、L字型（オフセット型）などがある ・C字型のつえは、グリップ部分がCの字 ・体重をかけるとつえがたわみやすく体重をかけるのには向いていない ・歩行補助として使う場合は、T字型のつえが一般的 ・L字型（オフセット型）つえは、グリップを握ったときシャフトが指にジャマにならないのが特徴 ・つえの長さは、固定式、伸縮式、折りたたみ式がある ・握りの種類は、ウレタン製、木製、樹脂製がある	・介護保険では対象にならない（介護保険貸与不可） ●**かるがもファムⅡ伸縮** （フジホーム） ●**1脚バランスステッキ** （L字型、フランスベッド）
多脚つえ（多点つえ） バランスステッキ　かるがも4ポイントステッキ	・一本つえでは安定性が得られにくい人	・接地点が3点、4点などに分かれ、一本つえよりも接地面積が広く安定感がある ・支え無しでつえが自立する ・接地部分（支持基底面）が広いほうが安定するが、屋外の不整地などでは不安定となりやすい	・スロープや階段などの昇降用として接地面の基部が可動するものもある ・立ち上がりやすいS字形状のものもある ●**バランスステッキ** （フランスベッド） ●**かるがも4ポイントステッキ**（フジホーム） ●**カーボン四点可動式スモールタイプ** （島製作所） ●**アルミ製4点支柱杖** （マキテック）

種　目	歩行補助つえ	タイトル	歩行補助つえ
図10-2	対　象	性能・特徴	コメント・商品名等
ロフストランド・クラッチ ロフストランド・クラッチCMS-60L	・握力が弱く腕全体で支える必要がある人	・握りと前腕カフの２点で支える ・腕の力が使えるため握力が十分でない人に向く	・名称は発明したA.R.Lofstrand.Jr.に由来する ・カフのタイプがO型（クローズドカフ）、U型（オープンカフ）がある ●**ロフストランド・クラッチ CMS-60L**（松永製作所） ●**ロフストランド・クラッチ KR-97BA**（クリスタル産業）
プラットホーム・クラッチ プラットホーム・クラッチ TY135D	・手関節に痛みがある人 ・力が弱く腕全体で体重を支える必要がある人	・肘支持つえ、リュウマチつえともいう ・肘を90度近くに屈曲し前腕を載せて体重を支える ・グリップはバランスをとる程度で、手にかかる負担が減る	・グリップの角度が調節できる ●**プラットホーム・クラッチ TY135D**（日進医療器）
松葉つえ クイックフィット型松葉杖	・骨折した場合等の体重免荷や片足の支持性拡大が必要な人	・カフの部分を腋に当てて、グリップで体重を支持する ・他のつえより体に沿う部分が多くつえへの荷重が行いやすい	・片側（１本）もしくは両側（２本）で用いる ●**クイックフィット型松葉杖**（フランスベッド） ●**アルミ製松葉杖**（松永製作所）
サイドケイン サイドウォーカー	・歩行器を使いたいが、片手しか使えない人	・多点つえより支持基底面が広いので安定性がある ・握りの部分が二段になっているためいす等からの立ち上がりに使うことができる ・平らな場所での使用に適している	●**サイドウォーカー**（ミキ） ●**コンパクトサイドケイン**（幸和製作所） ●**サイドステッパー FB**（フランスベッド）

11 認知症老人徘徊感知器

11-1 認知症老人徘徊感知器利用のための基礎知識

警察に届け出のあった認知症の行方不明者は統計開始の2012（平成24）年以降９年連続で増加し、2021（令和３）年度は過去最多を記録しています。全行方不明者の５人に１人が認知症が原因・動機であり、特に60歳以上の割合が高くなっています。[1)]

「認知症老人徘徊感知器とは、認知症である老人が徘徊し、屋外に出ようとした時又は屋内のある地点を通過した時に、センサーにより感知し、家族、隣人に通報するものをいう」と定義されています。

部屋の中を歩き回る、家族が気付かない間に外へ出てしまうといった行動の前に通知する用具です。認知症老人の徘徊は大きな事故や行方不明に繋がる可能性が高いため、徘徊の予兆の通知があることで介護する家族の心理的負担を軽減する効果も期待されます。

認知症老人徘徊感知機器には様々な種類があります。

1）2022年６月10日号シルバー産業新聞ニュースダイジェスト、週刊福祉新聞2022年７月26日発行記事参照

機器の選定

① 感知するタイミングで考える

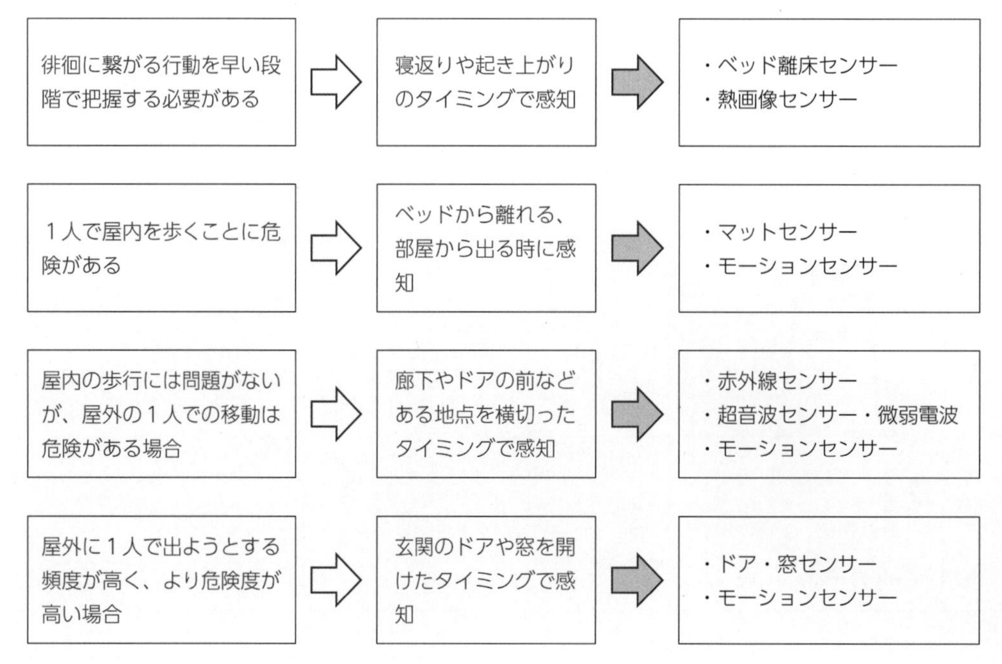

② 感知の方法

接触型：マットに接触する（静電容量の変化）、体重が乗る（荷重）、あるいは圧力が加わる・圧力が無くなるなどにより感知。

非接触型：赤外線センサーや超音波、微弱電波、温度変化、生体信号などで感知。

③ 送信の方法

電波（主に無線）を使用するタイプが多い。無線はケーブルの接続が不要で、設置場所の制約を受けないこと、人に気付かれにくいという利点があります。

④ 受信（通知）の方法

感知を通知する機器を送信機、受信する機器を受信機といい、送信機と受信機が同じ機器を一体型、送信機から離れた場所に受信機がある機器を据置型、また受信機を持ち歩くことができるものは携帯型と呼ばれています。

感知方法	感知器の種別	概　要	送信方法	送信機の設置場所	受信機のタイプ
接触型	ベッド離床センサー	荷重や圧力による感知 生体信号（心拍、呼吸、体動）による感知	無線	ベッドマットレスの上または下	据置型 携帯型
	マットセンサー	静電容量の変化 （触れただけで感知） 荷重や圧力変化で感知	無線 有線	ベッドサイド 出入口の床	据置型 携帯型
非接触型	熱画像センサー	温度変化をセンサーが感知	無線	ベッド・フットボード	据置型
	赤外線センサー	センサーが遮断されることにより感知	無線	寝室、居室 廊下等	据置型 携帯型
	ドア、窓センサー	ドア、窓が開くことにより感知	無線	ドア、窓の開閉部分	据置型 携帯型
	超音波 微弱電波	人の動きに反応して通知	無線	寝室、居室 玄関など	据置型 一体型
	モーションセンサー	画像認識技術（画像解析） 画像処理による動体感知	無線	寝室 居室など	据置型 携帯型

11-2 認知症老人徘徊感知器の種類と特徴

種　目	認知症老人徘徊感知器	タイトル	ベッド離床センサー
図1	対　象	性能・特徴	コメント・商品名等
bionext	徘徊に繋がる行動を早い段階で把握する必要がある人	・ベッドマットレスの上または下に置く ・荷重の変化や圧力の変化または生体信号（心拍、呼吸、体動）の変化などで感知し、音や光、振動または文字で通知する	・ベッドからの起き上がりを感知することで、徘徊行動を起こす前に制止することができる ●**bionext** **（人感センサーなし）** （バイオシルバー） ●**ワイヤレス** **起き上がりくん** （竹中エンジニアリング） ●**家族コール3B・** **スマート** （テクノスジャパン）

種　目	認知症老人徘徊感知器	タイトル	マットセンサー
図2	対　象	性能・特徴	コメント・商品名等
ワイヤレス徘徊お知らせ お待ちくん	1人で屋内を歩くことに危険がある人	・ベッドサイドの床、寝室や居室などの出入口の床に設置 ・マットを踏むことにより、荷重や圧力変化を感知 ・受信機（据置・携帯）に音や光、振動で通知する	・感知器の対象者がマットレスを避けてしまう可能性がある ●**ワイヤレス徘徊お知らせ** **お待ちくん** （竹中エンジニアリング） ●**離床わかーる6900** （エクセルエンジニアリング） ●**家族コール3A・** **スマート** （テクノスジャパン）

種　目	認知症老人徘徊感知器	タイトル	熱画像センサー （温度センサー）
図3	対　象	性能・特徴	コメント・商品名等
温度deキャッチ	1人で屋内を歩くことに危険がある人	・ベッドのフットボードに取り付ける離床センサー ・人体の表面温度と周囲の温度の差を検知して離れた場所の受信機に音と光で通知する	・離床動作を対象者に気付かれずに通知することができる ●**温度de キャッチ** （フランスベッド）

種　目	認知症老人徘徊感知器	タイトル	赤外線センサー
図4	対　象	性能・特徴	コメント・商品名等
見守りSENSEα 赤外線タイプ	屋内の歩行には問題がないが、屋外の１人での移動は危険がある人	・赤外線センサーが遮断されることにより感知音や振動、文字で通知する	・センサーがあることを気にする、徘徊感知器の利用を悟られずに使用が可能 ●**見守りSENSEα 赤外線タイプ** (パラマウントベッド) ●**赤外線わかーる6900** (エクセルエンジニアリング) ●**家族コール3C・スマート** (テクノスジャパン)

種　目	認知症老人徘徊感知器	タイトル	ドア・窓センサー
図5	対　象	性能・特徴	コメント・商品名等
徘徊お知らせ開見ちゃん	屋外に１人で出ようとする頻度が高く、より危険度が高い人	・ドアや窓の開閉部分に取り付け、ドアや窓が開けられると電波が送信され、光と音で離れた受信機に通知する	・感知器の対象者が開閉動作を行うと受信機通知 ●**徘徊お知らせ開見ちゃん** (竹中エンジニアリング) ●**ドアわかーる9000 据置・携帯タイプ** (エクセルエンジニアリング) ●**家族コール3D・スマート** (テクノスジャパン)

種　目	認知症老人徘徊感知器	タイトル	超音波センサー・微弱電波
図6	対　象	性能・特徴	コメント・商品名等
認知症外出通報システム	屋内の歩行には問題がないが、屋外の１人での移動は危険がある人	・携帯タイプの送信機がセンサーに反応して人の通過を光と音や画面で通知	・外出しようとする対象者に持たせるタイプ、介護者が持つことで対象者に負担を掛けないタイプなどがある ●**認知症外出通報システム おでかけキャッチ** (フランスベッド) ●**ワイヤレス徘徊お知らせ けいたいくん** (竹中エンジニアリング)

種　目	認知症老人徘徊感知器	タイトル	モーションセンサー 画像処理による動体感知
図7	対　象	性能・特徴	コメント・商品名等
アイベビーシニア	徘徊に繋がる行動を早い段階で把握したい、屋内の１人歩きに危険がある人	・本体とマットセンサーやドアセンサーなどの外部センサーを組み合わせることにより、広範囲での利用が可能 ・画像で状態確認ができる	・センサー作動時に本体の内蔵スピーカーの音声、アラーム音で通知 ・インターネット接続によりスマートフォンやタブレットでの受信が可能 **●アイベビーシニア** (エクセルエンジニアリング)

最近は利用する方が独居の場合や家族が遠く離れていることが多くなっているためにどこにいても通知を受け取れるように、スマートフォンや携帯電話、タブレットやパソコンを受信機として利用できるタイプの製品が増えています。

また普段は１人での外出ができている対象者が、突然方向がわからなくなった場合などを想定し、GPS機能を使った見守りができる製品もあります。

ただしGPS機能を使用する場合は介護保険の対象外となります。

徘徊感知が監視とならないように、使用に際しては対象者のプライバシーに配慮することが大切です。

12 移動用リフト

12-1 移動用リフト利用のための基礎知識

床走行式、固定式、据置式リフトは、ベッドからの起き上がりや座位保持に介助が必要で、端座位保持ができない方が対象となります。ベッド・車いす間の移乗だけでなく、入浴の場面でもリフトを使って入浴することができます。

リフトを導入する際は、利用者の状況、目的、場面、介護者の状況等を総合的に検討します。利用者に合ったつり具の選択も重要になります。ベッドサイドで使用する場合は、車いすを置く場所や介助スペースが必要になります。床走行式リフトやスタンディングリフトは、使用していない時の保管場所の確保も必要になります。キャスターで移動させるタイプのリフトは、カーペット上では動かしにくく、床面で使用します。

それぞれの機種ごとに耐荷重が異なります。

その他、入浴、玄関、立ち上がり、階段移動用等のリフトも介護保険福祉用具貸与で利用することができます。

移動用リフトのつり具については、[第２節　特定福祉用具販売　6．移動用リフトのつり具の部分　P.108 ～ 110］を参照してください。

12-2 移動用リフトの種類と特徴

種　目	移動用リフト	タイトル	床走行式
図	対　象	性能・特徴	コメント・商品名等
床走行式電動介護リフト	ベッドからの起き上がりや座位保持に介助が必要で、端座位保持ができない人	・バッテリーにより駆動 ・低床ベッドには、床走行式リフトの脚部分がベッドの下に入るように設計されているタイプを選択 ・取り回しのためのスペースが必要 ・カーペット上では、動きにくいため、使用する床の状態を確認する	**●床走行式電動介護リフト** （パラマウントベッド） **●移動用リフトEL-580** （いうら） **●フランスベッドリフトFL-501** （フランスベッド） **●サンリフトミニ(電動)** （アビリティーズ・ケアネット）

種　　目	移動用リフト	タイトル	固定式
図	**対　　象**	**性能・特徴**	**コメント・商品名等**
マイティエースⅡ ベッドセット	ベッドからの起き上がりや座位保持に介助が必要で、端座位保持ができない人	・ベッドに設置 ・ベッドからリフトのアームの届く範囲に車いすやポータブルトイレなどを設置し、移乗 ・耐荷重やリフトの動きは、機種により異なる	●**マイティエースⅡ ベッドセット**（ミクニ　ライフ&オート） ●**つるベー Bセット**（モリトー）

種　　目	移動用リフト	タイトル	据置式
図	**対　　象**	**性能・特徴**	**コメント・商品名等**
リコリフト フリースタンド	ベッドからの起き上がりや座位保持に介助が必要で、端座位保持ができない人	・工事を伴わずに設置することができる ・部屋の広さに合わせて選択 ・２本の柱の間を移動する線移動と４本の柱の間を移動する面移動がある ・耐荷重、アーム形状、フック形状等は機種により異なる	●**リコリフトフリースタンド**（シーホネンス） ●**アーチパートナー**（明電） ●**アーチパートナー隅っこ**（明電） ●**かるがるプチV**（竹虎） ●**マキシスカイ440＋イージートラックFSセット**（アビリティーズ・ケアネット）

種　目	移動用リフト	タイトル	その他（入浴用、玄関、段差解消、立ち上がりいす、スタンディングリフト、階段移動用リフト）

図	対　象	性能・特徴	コメント・商品名等
バスパートナー湯ニット	ベッドからの起き上がりや座位保持に介助が必要で、端座位保持ができない人	・工事を伴わず浴室に設置できる ・レールが脱衣場までスライド ・スリングや分離型シャワーキャリーが使用できる ・吊上げ質量100kg ・リフト本体側ソケットに充電端子を差し込み充電(バッテリー仕様)	●**バスパートナー湯ニット** (明電)
バスリフト	浴槽内での立ち座りが難しい人	・浴槽内での立ち座りを電動でサポートする ・バッテリーを取り外し充電 ・リモコン操作で昇降	●**バスリフト** (TOTO)
アルコー 6000型	玄関の上がり框の乗り越えが難しい人	・玄関の上がり框の昇降時に、椅子に座った状態で移動 ・座面が回転することにより向きを変えやすい	●**アルコー 6000型** (星光医療器製作所)

電動昇降座いす 「独立宣言スマート」	いすや床からの立ち座りが難しい人	・スイッチを操作して立ち座りしやすい高さを調節 ・いすからの立ち座りを補助するタイプと床からの立ち座りをサポートするタイプがある ・座面回転やリクライニング機能などは、利用者に合わせて選択 ・設置することにより、他の動作がしにくくならないか確認する	●**電動昇降座いす 独立宣言スマート** （コムラ製作所） ●**リフトアップチェア** （フランスベッド）
UD-CHAIR	階段の昇降が難しい人	・車いすに人を乗せたまま階段昇降ができるタイプと、人を階段移動用リフトのいすに座らせて昇降できるタイプがある ※１可搬型階段昇降機を介護保険福祉用具貸与で利用する場合の留意点	●**UD-CHAIR** （トライリンクス）
テクノリフター	車いすを使用されている人	・利用者が車いすに乗ったまま、段差を昇降する ・屋外から屋内に入る場合や、玄関上がり框の段差解消等に使用 ・介護保険の福祉用具貸与における移動用リフトでは住宅の改修を伴うものは除かれる	●**テクノリフター** （新光産業） ●**車椅子用電動昇降機 UD-320シリーズ** （いうら）

※１操作については、事前に該当機種を担当する可搬型階段昇降機安全指導員から講習と操作訓練を受けて合格する必要があります。

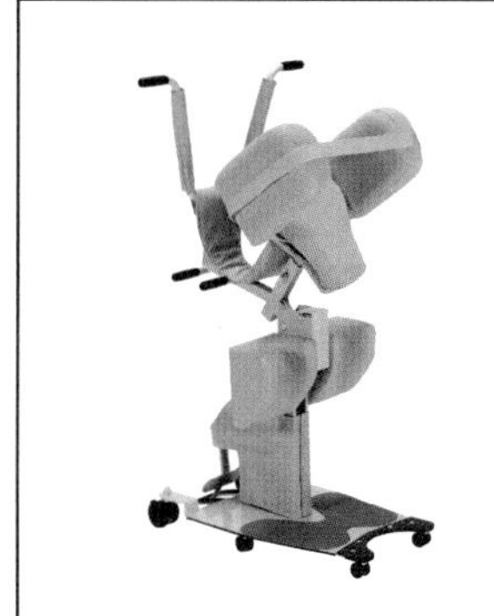 移乗用リフト　ささえ手	ベッド・車いす間の移乗や排泄といった場面で、短距離での移乗が必要な人	・ベッドから車いす、車いすからトイレ等の場面での移乗に使用 ・手動タイプと電動タイプがある ・利用者の前方をサポートするタイプ、後方をサポートするタイプがある ・キャスターで移動するため、同一フロアの短い距離の移動に用いる ・専用のスリングがあるタイプもある	**●移乗用リフト ささえ手** (アビリティーズ・ケアネット) **●移乗サポートロボット Hug T1 ／ Hug L1** (FUJI) **●サラ・ステディ** (アルジョ・ジャパン) **●サラ・フレックス** (アルジョ・ジャパン)

13 自動排泄処理装置

13-1 自動排泄処理装置利用のための基礎知識

自動排泄処理装置は、本体のみが介護保険福祉用具貸与の対象となっています。尿のみを自動的に吸引する機能のものは、要介護度に係らず利用することができます。便を自動的に吸引する機能を有するものについては、要介護４～５の方が利用できます。

しかし、機種により特徴があるため、利用者に合った機種の選定が重要となります。また、消耗品の自己負担が継続的に必要なものもあります。24時間の使用ではなく、必要な時間帯のみに使用します。

自動排泄処理装置の交換可能部品については、[第２節　特定福祉用具販売　2．自動排泄処理装置の交換可能部品　P.99 ～ 100］を参照してください。

13-2 自動排泄処理装置の種類と特徴

種　目	自動排泄処理装置		タイトル	尿のみを自動的に吸引
図		対　象	性能・特徴	コメント・商品名等
スカットクリーン		トイレへの移動や移乗ができない人	・本体のみ介護保険福祉用具貸与 ・レシーバーを当て、センサーが感知すると尿が吸引される ・スイッチによる操作も可能 ・男性用と女性用のレシーバーは、特定福祉用具となる	●**スカットクリーン** （パラマウントベッド）

種　目	自動排泄処理装置	タイトル	尿と便を自動的に吸引
図	対　象	性能・特徴	コメント・商品名等
自動排泄処理装置 『マインレット爽』	移乗、排便において全介助を必要とする人	・尿や便を受けるセンサーが付いた部分と本体を繋ぐホース等で構成される ・機種により排泄タンク容量が異なり、寝返り角度に制限がある ・自動排泄処理装置の本体に対して、専用の「自動排泄処理装置の交換可能部品」（特定福祉用具販売）が必要となる	●**自動排泄処理装置『マインレット爽』** （プロモート） ●**ダイアレット** （ライフ） ●**キュラコ** （キュラコジャパン）

第2節 特定福祉用具販売

1 腰掛便座

1-1 腰掛便座利用のための基礎知識

排泄は、毎日繰り返される必要不可欠な活動の１つになっています。できるだけトイレで安全に排泄できるように、環境を整えていきます。利用者の尊厳やプライバシーに配慮します。

和式の便器は、立ち座り動作や排泄姿勢の保持といった身体的な負担があります。その場合、和式便器の上に設置し腰掛式に変更できる特定福祉用具や住宅改修で洋式便器への変更を検討します。

洋式便器での動作を安全に行えるように、手すりや補高便座、トイレリフトなどその方に合った福祉用具を導入することで、排泄動作の自立に繋がります。

また、昼はトイレを使い、夜間はベッドサイドのポータブルトイレを使うといったように１日の中で使い分けている方もいます。

排泄に関連する用具は、清潔に保つ必要があります。処理や洗浄にスペースが必要な場合がありますので、事前に検討しておきます。

1-2 腰掛便座の種類と特徴

種　目	腰掛便座	タイトル	**和式便器の上に置いて 腰掛式に変更するもの**
図	対　象	性能・特徴	コメント・商品名等
サニタリーエースHG 据置式	和式トイレの 使用に身体的な 負担がある人	・段差のある和式便器に 設置する両用式と、段 差のない和式トイレに 設置する据置式がある	**●サニタリーエース HG据置式** （アロン化成） **●サニタリーエース HG両用式** （アロン化成）

種　目	腰掛便座		タイトル	洋式便器の上に置いて 高さを補うもの
図		対　象	性能・特徴	コメント・商品名等
ソフト補高便座		便座への立ち座りが大変な人	・補高する高さは、利用者に合わせて選択することができる ・便器の上に置くだけのタイプと、補高の高さが高いもので固定を行うタイプがある ・便座の上に直接置くタイプと、便器の上に置くタイプがある ・お尻が小さい人には、開口部が狭いタイプもある	**●ソフト補高便座** (アロン化成) **●補高便座やわらか** (パナソニックエイジフリー) **●やわらか補高便座** (TOTO)

種　目	腰掛便座		タイトル	電動式またはスプリング式で便座から立ち上がる際に補助できる機能を有するもの
図		対　象	性能・特徴	コメント・商品名等
トイレリフト		トイレでの立ち座りが大変な人	・垂直昇降と斜め昇降を利用者に合わせて選択 ・リモコンスイッチで操作 ・電動のため、電源が必要 ・アームレストは、はね上げ式	**●トイレリフト** (TOTO)

種　目	腰掛便座	タイトル	ポータブルトイレ

図	対　象	性能・特徴	コメント・商品名等
家具調トイレセレクトR はねあげワイド	ポータブルトイレに座る姿勢がとれる人	・便座、バケツ等からなり、移動可能である便器 ・バケツに水を張り消臭剤を使用する、凝固剤の入った袋をバケツにかぶせて袋ごと処理するといった臭い対策がある ・温水シャワーや乾燥といった付加機能がある機種もある ・移動させやすいようにキャスターが付いているタイプもある ・リモコン操作で、排泄物をその都度フィルムで包み込み、処理できるタイプもある ・肘掛けは、移乗する側をはね上げたり、短く設定することで移乗しやすくなる ・便座高さが調節できるタイプを選択し、利用者の立ち座りしやすい高さに設定する	●**家具調トイレセレクトR はねあげワイド** （アロン化成） ●**家具調トイレ座楽 ベーシック** （パナソニックエイジフリー） ●**ラップポン・ブリオ（S）普通便座** （日本セイフティー）

2 自動排泄処理装置の交換可能部品

2-1 自動排泄処理装置の交換可能部品利用のための基礎知識

自動排泄処理装置の本体に対して、専用の交換可能部品を用意します。センサーがある受け口を適切な位置に設置するようにします。交換可能部品は、日々の洗浄、定期的な洗浄や消毒が必要となります。別途専用の紙おむつ等消耗品が必要となる場合がありますので、継続してかかる費用も想定しておきます。

24時間の継続した使用でなく、必要な時間帯のみに使用します。

自動排泄処理装置の本体については、［第1節　福祉用具貸与　13. 自動排泄処理装置 P.94］を参照してください。

2-2 自動排泄処理装置の交換可能部品の種類と特徴

種　目	自動排泄処理装置の交換可能部品	タイトル	尿のみを自動的に吸引
図	対　象	性能・特徴	コメント・商品名等
スカットクリーン 男性用レシーバーセット スカットクリーン 女性用レシーバーセット	トイレへの移動や移乗ができない人	・レシーバーやホースは、定期的な洗浄・消毒を行う ・尿タンクは、1日1回程度、後始末をする ・男性用・女性用のレシーバーがある	●**スカットクリーン男性用レシーバーセット** (パラマウントベッド) ●**スカットクリーン女性用レシーバーセット** (パラマウントベッド)

<table>
<tr><td>種　　目</td><td colspan="2">自動排泄処理装置の交換可能部品</td><td>タイトル</td><td>尿と便を自動的に吸引</td></tr>
<tr><td colspan="2">図</td><td>対　　象</td><td>性能・特徴</td><td>コメント・商品名等</td></tr>
<tr><td colspan="2"> 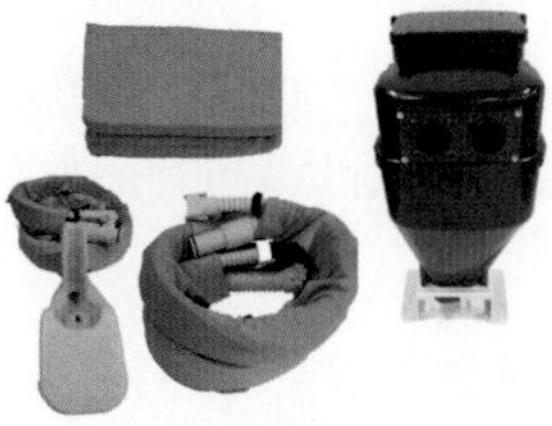マインレット爽
衛生ユニット</td><td>移乗、排便において全介助を必要とする人</td><td>・衛生上、受け口やホース、タンクなどの部品が交換可能部品となる
・自動排泄処理装置の本体に対して専用の交換可能部品を使用する
・定期的な洗浄、消毒が必要
・消耗品として専用おむつが必要（自動排泄処理装置マインレット爽）</td><td>●マインレット爽　衛生ユニット
（プロモート）
●自動排泄処理装ダイアレット衛生ユニット
（ライフ）</td></tr>
</table>

3 排泄予測支援機器

購入告示第三項に規定する「排泄予測支援機器」は、利用者が常時装着した上で、膀胱内の状態を感知し、尿量を推定するものであって、一定の量に達したと推定された際に、排尿の機会を居宅要介護者等またはその介護を行う方に自動で通知するものです。専用ジェル等装着の都度、消費するもの及び専用シート等の関連製品は除かれると定義されています。

3-1 排泄予測支援機器利用のための基礎知識

2022（令和４）年４月より、特定福祉用具販売の種目に排泄予測支援機器が加わっています。膀胱にたまった尿量を捉え、適切なタイミングでトイレへ誘導し、自立排泄をサポートするための機器です。

厚生労働省より介護保険の給付対象となる排泄予測支援機器の留意事項が出されています。

給付対象は、「運動動作の低下、排尿のタイミングが不明、または伝えることができない等により、トイレでの自立した排尿が困難となっている居宅要介護者等であって、排尿の機会の予測が可能となることで、失禁を回避し、トイレで排尿をすることが見込める者」となっています。

現時点で対象となっているのは、１機種のみです。「排泄予測計測機器」はトイレでの自立した排尿を支援する機器です。ただし、膀胱は、姿勢等により形状が変化しやすい特徴があり、超音波技術の特性上、計測が困難な場合があります。

利用が想定しにくい対象者は、「要介護認定等基準時間の推計の方法」（平成12年３月24日厚生省告示第91号）別表第一の調査票のうち、調査項目２－５「排尿」の直近の結果が、「1．介助されていない」、「4．全介助」となっています。

医学的な所見から、以下のいずれかの方法により、居宅要介護者等の膀胱機能を確認する必要があります。

（1）介護認定審査における主治医の意見書
（2）サービス担当者会議等における医師の所見
（3）介護支援専門員等が聴取した居宅サービス計画等に記載する医師の所見
（4）個別に取得した医師の診断書 等

また、排泄予測支援機器導入に当たっては、一定期間の試用が推奨されています。

3-2 排泄予測支援機器の種類と特徴

種　目	排泄予測支援機器	タイトル	排泄予測デバイス
図	対　象	性能・特徴	コメント・商品名等
排泄予測デバイス DFree　HomeCare	運動動作の低下、排尿のタイミングが不明、または伝えることができない等により、トイレでの自立した排尿が困難となっている居宅要介護者等であって、排尿の機会の予測が可能となることで、失禁を回避し、トイレで排尿をすることが見込める人	・付属の専用お知らせ端末があるので、Wi-Fi不要 ・アプリのダウンロードや設定等も不要 ・専用お知らせ端末に個人の設定を基に、排泄タイミングが通知される ・超音波センサーを膀胱位置に装着 ・センサーを装着するためには、装着用シートが必要 ・センサーは、充電の必要がある	●**排泄予測デバイス DFree　HomeCare** （トリプル・ダブリュージャパン）

4 入浴補助用具

4-1 入浴補助用具利用のための基礎知識

入浴に係る福祉用具は、座位の保持、浴槽への出入り、などの入浴に際しての補助を目的とする用具です。直接肌が触れるなど、他の人が使用した後に使うことに抵抗があると考えて、特定福祉用具の販売の項目に挙げられます。購入告示第３号に掲げる用具は、①入浴用いす（図4-1）、②浴槽用手すり（図4-2）、③浴槽内いす（図4-3）、④入浴台（バスボード）（図4-4）、⑤浴室内すのこ（図4-5）、⑥浴槽内すのこ（図4-6）、⑦入浴用介助ベルト（図4-7）があります。

また、座面が昇降して浴槽の出入りを補助するバスリフトは、移動リフトの項目において、介護保険貸与対象となっています。

4-2 入浴補助用具の種類と特徴

種　目	入浴補助用具	タイトル	①入浴用いす ※シャワーキャリー
図4-1	**対　象**	**性能・特徴**	**コメント・商品名等**
シャワーベンチ 「ユクリア」 シャワーいす ターンテーブル タイプ	・洗い場での立ち上がりが不安な人	・背付き、 ひじ掛け付き、 ひじ掛けなし ・背なし ひじ掛け付き、 ひじ掛けなし ・回転座面	●**ユクリアシリーズ** （パナソニックエイジフリー） ●**シャワーいすターンテーブルタイプ、オーダー可**（矢崎化工） ●**コンパクトシャワーベンチ** （アロン化成） ●**やわらかシャワーチェア** （リッチェル） ●**ユニプラスシャワーチェア** （幸和製作所） ●**Etac　エッジ、スイフト** （相模ゴム工業）
※シャワーキャリー 水まわり用車いす	・洗い場までの移動が不安な人 ・キャリー付き	・キャリー付き ・座面形状選択可 ・イレクター製オーダー（フレーム、座面、キャスター、フットレスト） （矢崎化工）	●**水まわり用車いす**（TOTO） ●**リクライニングシャワーチェア** （アビリティーズ・ケアネット） ●**入浴用キャリー**（いうら） ●**シャワーキャリー、イレクター製シャワーキャリー** （矢崎化工） ●**ミクニバスキャリー、バスキャリーライト** （ミクニ　ライフ＆オート） ●**安楽キャリー**（モリトー）

種　目	入浴補助用具	タイトル	**①入浴用いす** ※排泄共用　コモード付き
図4-1	**対　象**	**性能・特徴**	**コメント・商品名等**
※排泄共用コモード付き シャワーキャリー トイレットタイプ	・入浴、排泄キャリーを共用したい人	・排便ポットが付いたシャワーキャリー ・シャワーチェア、排泄共用 ・洗髪に快適なリクライニングタイプ	●**シャワーキャリートイレットタイプ** （矢崎化工）

種　目	入浴補助用具	タイトル	**②浴槽用手すり**
図4-2	**対　象**	**性能・特徴**	**コメント・商品名等**
入浴グリップ ユクリア130 ユニットバス 対応浴槽手すり ※浴槽の縁に挟む	・浴槽にまたいで入る時に不安な人	・浴槽の縁に挟んで装着 ・またいで浴槽に入る場合の補助	●**入浴グリップユクリア130** （パナソニックエイジフリー） ●**UB対応浴槽手すり** （アロン化成） ●**コンパクト浴槽手すり、ユニプラス浴槽手すりUB兼用** （幸和製作所）
ベスポジ マスカット ポールタイプ	・浴槽にまたいで入る時に不安な人 ・立ち上がりが不安な人	・ポールを床天井浴槽に固定：突っ張り型 ・立ち上がり、浴槽の出入り補助	●**ベスポジマスカットポールタイプ** （DIPPERホクメイ）

種　目	入浴補助用具	タイトル	③浴槽内いす
図4-3	対　象	性能・特徴	コメント・商品名等
安寿 あしぴたシリーズ、軽量浴槽台	・浴槽が深く、浴槽内での姿勢が不安定な人、立ち上がりが難しい人	・浴槽台ともいう ・浴槽内での姿勢の安定、立ち上がりの補助 ・すべり止め、安定のための脚の形状、仕様が特徴	●**安寿 あしぴたシリーズ、軽量浴槽台、ステンレス製浴槽台R**（アロン化成） ●**浴槽台［ユクリア］**（パナソニックエイジフリー） ●**ユニプラス浴槽内いす**（幸和製作所） ●**浴そう内いす**（サイズオーダー可）（矢崎化工）

種　目	入浴補助用具	タイトル	④入浴台（バスボード）
図4-4	対　象	性能・特徴	コメント・商品名等
バスボード軽量タイプ	・浴槽の出入りでまたぐことが難しい人	・ボードを浴槽の縁にかけて座って入る ・使わない時に座面がはね上がるタイプ ・方向転換しやすいよう、座面が回転するタイプ	●**バスボード軽量タイプ**（パナソニックエイジフリー） ●**福浴 回転バスボード**（サテライト） ●**安寿　バスボード、バスボードはねあげくん**（アロン化成）

種　目	入浴補助用具	タイトル	⑤浴室内すのこ
図4-5	対　象	性能・特徴	コメント・商品名等
マット付きすのこ	・浴室内に置いて、浴室の床の段差を解消したい人	・浴室にピッタリのサイズにオーダーできる	●**マット付きすのこ、エコボードすのこ寸法オーダー**（矢崎化工）

種　目	入浴補助用具		タイトル	⑥浴槽内すのこ
図4-6	対　象	性能・特徴	コメント・商品名等	
浴槽内すのこ	・浴槽が深すぎるなど、出入りの際不安定な人	・浴槽の中に置いて、浴槽の高さを補う ・浴槽にピッタリのサイズにオーダーできる	**●浴槽内すのこ** (矢崎化工)	

種　目	入浴補助用具		タイトル	⑦入浴用介助ベルト
図4-7	対　象	性能・特徴	コメント・商品名等	
テイコブ入浴用 介助ベルト	・自力での立ち上がりや身体の安定が不安な人	・利用者：直接つかまれることによる痛みを軽減 ・介護者：直接触れることで滑る、衛生面の不安の軽減 ・介護者の腰痛予防	**●テイコブ入浴用介助ベルト** (幸和製作所)	

種　目	補）入浴関連		タイトル	移動用リフト (介護保険貸与)
	対　象	性能・特徴	コメント・商品名等	
移動用リフトP.91参照		入浴用リフト (垂直移動)	**●バスリフト** (TOTO)	
移動用リフトP.91参照		浴室リフト	**●バスパートナー湯ユニット** (明電興産)	

種　目	補）入浴関連		タイトル	入浴用マット 自費購入（介護保険適用外）
図4-8	対　象	性能・特徴	コメント・商品名等	
すべり止めマット ぐりーんまっと	・浴室や浴槽内ですべるのを防ぎたい人	・浴槽内、洗い場で使用するマット	**●すべり止めマットぐりーんまっと** (キヨタ) **●安寿入浴用マット** (アロン化成) **●ダイヤタッチハイ** (シンエイテクノ)	

5 簡易浴槽

5-1 簡易浴槽利用のための基礎知識

空気または折りたたみ式等で容易に移動できるものであって、取水または排水のために工事を伴わないものが介護保険特定福祉用具の簡易浴槽となっています。簡易浴槽は、ベッドサイドなどに設置し、自宅での入浴を行う際に使用します。ベッドサイドに置く場合は、移乗方法やお湯を引き排水するためのルートの検討、介護者による準備・入浴介助・後片付けが必要となります。

そのため、介護力の確保が難しい場合は、訪問入浴介護の利用も選択肢の１つとなります。訪問入浴介護は、介護保険の居宅サービスで利用者の居宅を訪問し、浴槽を提供して行われる入浴の介護サービスです。寝たきり等の理由で自宅の浴槽では入浴することが難しい方を対象とし、通常看護師１名と介護スタッフ２名が担当しますので、介護者の負担が軽減され、安心して入浴できます。

5-2 簡易浴槽の種類と特徴

種　目	簡易浴槽	タイトル	浴室以外での入浴
図	対　象	性能・特徴	コメント・商品名等
オカモト浴槽 ニュー湯っくん	自宅浴槽での入浴が難しく、ベッドサイド等で入浴する人	・空気を入れて浴槽を膨らませるタイプや折りたたみ式等がある ・使用場所に合ったタイプを選択	●**オカモト浴槽ニュー湯っくん**（オカモト） ●**コーシン快護おふろ**（弘進ゴム）

6 移動用リフトのつり具の部分

6-1 移動用リフトつり具の部分利用のための基礎知識

移動用リフトのつり具は、スリングといわれることもあります。種類やサイズが様々であり、メーカーによりサイズを決める際の身体寸法の基準が異なります。そのため、装着方法、適合等を確認する上でも試用が重要になります。

脚分離型つり具、シート型つり具、トイレ用つり具に分けることができます。他に、入浴場面で使用するシャワーキャリーで、いす部分が台座のキャスター部分と分かれるタイプもあります。[第２節　特定福祉用具販売　4．入浴補助用具　P.103 ～ 106] を参照してください。

つり具を着脱する際も、十分なスペースがないと介護者は無理な姿勢になってしまいます。ベッド上では、ベッドの昇降機能を活用し、利用者、介護者双方の負担軽減を図ります。

移動用リフト本体については、[第１節　福祉用具貸与　12．移動用リフト　P.89 ～ 93] を参照してください。

6-2 移動用リフトつり具の部分の種類と特徴

種　目	移動用リフトのつり具の部分	タイトル	脚分離型つり具ローバック
図	対　象	性能・特徴	コメント・商品名等
エヴァハーフ	ベッドからの起き上がりや座位保持に介助が必要で、端座位保持ができない人	・スリングシートの脚部を太ももの下を通し中央でクロスさせて使用 ・頭の上まで覆わないタイプ ・メーカーにより、サイズの決め方が異なる ・車いす上での着脱ができる	**●エヴァハーフ** (モリトー) **●コンフォートローバック** (ウェル・ネット) **●ベーシック・ロー** (アビリティーズ・ケアネット) **●ローバック** (ミクニ　ライフ&オート) **●ユニバーサルスリング** (シーホネンス)

種　目	移動用リフトのつり具の部分	タイトル	脚分離型つり具ハイバック
図	対　象	性能・特徴	コメント・商品名等
ハイバックタイプ４点式	ベッドからの起き上がりや座位保持に介助が必要で、端座位保持ができない人	・スリングシートの脚部を太ももの下を通し中央でクロスさせて使用 ・頭の上まで覆うタイプ ・メーカーにより、サイズの決め方が異なる ・車いす上での着脱ができる	**●ハイバックタイプ４点式** （ミクニ　ライフ&オート） **●ベーシック・ハイ** （アビリティーズ・ケアネット） **●フルスリング** （竹虎） **●オリジナルHBスリング** （シーホネンス）

種　目	移動用リフトのつり具の部分	タイトル	シート型つり具
図	対　象	性能・特徴	コメント・商品名等
コンフォートシート ローバック	ベッドからの起き上がりや座位保持に介助が必要で、端座位保持ができない人	・ローバックとハイバックがある ・材質はナイロンメッシュ、厚みのあるムートン生地などの種類がある ・着脱はベッド上で行う ・車いす上ではスリングは敷いたままとなる	**●コンフォートシートローバック** （ウェル・ネット） **●コンフォートシートハイバック** （ウェル・ネット） **●パオメッシュブルー** （モリトー） **●かるがる®スリング** （竹虎）

<table>
<tr><th>種　目</th><td colspan="2">移動用リフトのつり具の部分</td><th>タイトル</th><td colspan="2">トイレ用つり具</td></tr>
<tr><th colspan="2">図</th><th>対　象</th><th colspan="2">性能・特徴</th><th>コメント・商品名等</th></tr>
<tr><td colspan="2">ハイジーンスリング
セーフティベルト付</td><td>リフトによりトイレへの移乗が必要な人</td><td colspan="2">・排泄時の下衣が着脱しやすいように、お尻の部分が開いた形状なっている</td><td>●ハイジーンスリングセーフティベルト付
（シーホネンス）
●トイレ用スリング
（竹虎）</td></tr>
</table>

参　考

補装具種目一覧（平成18年厚生労働省告示第528号）

（単位：円）

種目	名　称		R4購入基準	耐用年数
義　肢（注1，2）			470,000	1～5
装　具（注1，2）			86,000	1～3
座位保持装置（注1）			394,000	3
視覚障害者安全つえ	普通用	繊維複合材料	3,550	2
		木材	1,650	
		軽金属	2,200	5
	携帯用	繊維複合材料	4,400	2
		木材	3,700	
		軽金属	3,550	4
	身体支持併用		3,800	4
義眼	レディメイド		17,000	2
	オーダーメイド		82,500	
眼鏡	（注3）矯正用	6D未満	17,600	4
		6D以上10D未満	20,200	
		10D以上20D未満	24,000	
		20D以上	24,000	
	遮光用	前掛け式	21,500	
		掛けめがね式	30,000	
	コンタクトレンズ		15,400	
	弱視用	掛けめがね式	36,700	
		焦点調整式	17,900	
補聴器（注4）	高度難聴用ポケット型		41,600	5
	高度難聴用耳かけ型		43,900	
	重度難聴用ポケット型		55,800	
	重度難聴用耳かけ型		67,300	
	耳あな型（レディメイド）		87,000	
	耳あな型（オーダーメイド）		137,000	
	骨導式ポケット型		70,100	
	骨導式眼鏡型		120,000	
車椅子	普通型		100,000	6
	リクライニング式普通型		120,000	
	ティルト式普通型		148,000	
	リクライニング・ティルト式普通型		173,000	
	手動リフト式普通型		232,000	
	前方大車輪型		100,000	
	リクライニング式前方大車輪型		120,000	
	片手駆動型		117,000	
	リクライニング式片手駆動型		133,600	
	レバー駆動型		160,500	
	手押し型A		82,700	
	手押し型B		81,000	
	リクライニング式手押し型		114,000	
	ティルト式手押し型		128,000	
	リクライニング・ティルト式手押し型		153,000	

種目	名　称			R4購入基準	耐用年数
電動車椅子	普通型（4.5km／h）			314,000	6
	普通型（6.0km／h）			329,000	
	簡易型	A　切替式		157,500	
		B　アシスト式		212,500	
	リクライニング式普通型			343,500	
	電動リクライニング式普通型			444,400	
	電動リフト式普通型			725,100	
	電動ティルト式普通型			582,600	
	電動リクライニング・ティルト式普通型			1,016,100	
座位保持椅子（児のみ）				24,300	3
起立保持具（児のみ）				27,400	3
歩行器	六輪型			63,100	5
	四輪型（腰掛つき）			39,600	
	四輪型（腰掛なし）			39,600	
	三輪型			34,000	
	二輪型			27,000	
	固定型			22,000	
	交互型			30,000	
頭部保持具（児のみ）				7,100	3
排便補助具（児のみ）				10,000	2
歩行補助つえ	松葉づえ	木材	A　普通	3,300	2
			B　伸縮	3,300	
		軽金属	A　普通	4,000	4
			B　伸縮	4,500	
	カナディアン・クラッチ			8,700	
	ロフストランド・クラッチ			8,700	
	多脚つえ			6,600	
	プラットフォーム杖			24,000	
重度障害者用意思伝達装置	文字等走査入力方式				5
		簡易なもの		143,000	
			簡易な環境制御機能が付加されたもの	191,000	
			高度な環境制御機能が付加されたもの	450,000	
			通信機能が付加されたもの	450,000	
	生体現象方式			450,000	
人工内耳	人工内耳用音声信号処理装置修理			30,000	—

（注1）義肢・装具・座位保持装置の基準額については、令和2年度交付実績（購入金額）1件当たり平均単価を記載。（千円未満は四捨五入。令和元年度福祉行政報告例より。）

（注2）義肢・装具の耐用年数について、18歳未満の児童の場合は、成長に合わせて4ヶ月～1年6ヶ月の使用年数となっている。

（注3）遮光用としての機能が必要な場合は、30,000円とすること。

（注4）デジタル式補聴器で、補聴器の装用に関し、専門的な知識・技能を有する者による調整が必要な場合は2,000円を加算すること。

第13次改正　令和4年3月31日厚生労働省告示第129号

参　考

日常生活用具参考例

種目		対象者
介護・訓練 支援用具	特殊寝台	下肢又は体幹機能障害
	特殊マット	
	特殊尿器	
	入浴担架	
	体位変換器	
	移動用リフト	
	訓練いす（児のみ）	
	訓練用ベッド（児のみ）	
自立生活 支援用具	入浴補助用具	下肢又は体幹機能障害
	便器	
	頭部保護帽	平衡機能又は下肢もしくは体幹機能障害
	T字状・棒状のつえ	
	歩行支援用具→移動・移乗支援用具（名称変更）	
	特殊便器	上肢機能障害
	火災警報機	障害種別に関わらず火災発生の感知・避難が困難
	自動消火器	
	電磁調理器	視覚障害
	歩行時間延長信号機用小型送信機	
	聴覚障害者用屋内信号装置	聴覚障害
在宅療養等 支援用具	透析液加温器	腎臓機能障害等
	ネブライザー（吸入器）	呼吸器機能障害等
	電気式たん吸引器	呼吸器機能障害等
	酸素ボンベ運搬車	在宅酸素療法者
	盲人用体温計（音声式）	視覚障害
	盲人用体重計	
情報・意思疎通 支援用具	携帯用会話補助装置	音声言語機能障害
	情報・通信支援用具※	上肢機能障害又は視覚障害
	点字ディスプレイ	盲ろう、視覚障害
	点字器	視覚障害
	点字タイプライター	
	視覚障害者用ポータブルレコーダー	
	視覚障害者用活字文書読上げ装置	
	視覚障害者用拡大読書器	
	盲人用時計	
	聴覚障害者用通信装置	聴覚障害
	聴覚障害者用情報受信装置	
	人工喉頭	喉頭摘出者
	福祉電話（貸与）	聴覚障害又は外出困難
	ファックス（貸与）	聴覚又は音声機能若しくは言語機能障害で、電話では意思疎通困難
	視覚障害者用ワードプロセッサー（共同利用）	視覚障害
	点字図書	
排泄管理 支援用具	ストーマ装具（ストーマ用品、洗腸用具） 紙おむつ等（紙おむつ、サラシ・ガーゼ等衛生用品） 収尿器	ストーマ造設者 高度の排便機能障害者、脳原性運動機能障害かつ意思表示困難者 高度の排尿機能障害者
居宅生活動作補助用具	住宅改修費	下肢、体幹機能障害又は乳幼児期非進行性脳病変

※　情報・通信支援用具とは、障害者向けのパーソナルコンピュータ周辺機器や、アプリケーションソフト等をいう。

重度心身障害者（児）日常生活用具給付事業　品目一覧

▶用具の種目及び給付対象者表（参考例）

種目	品目	区分等	対象者	性　能	備　考
介護・訓練支援用具	特殊寝台	給付・162,800円 〔耐用年数　8年〕	原則として学齢児以上の身体障害者手帳の交付を受けた者（児）で、下肢または体幹機能障害の程度が1級または2級のもの	腕、脚等の訓練のできる器具を附帯し、原則として使用者の頭部及び脚部の傾斜角度を個別に調整できる機能を有するもの	耐用年数　8年 ＊「訓練用ベッド(児)のみ」参照
	特殊マット	給付 （A）26,000円 （B）106,700円 〔耐用年数　5年〕	①原則として3歳以上の知的障害者（児）で、障害の程度が最重度または重度のもの ②原則として3歳以上18歳未満の身体障害者手帳の交付を受けた児童で、下肢または体幹機能障害の程度が1級または2級のもの ③18歳以上の身体障害者手帳の交付を受けた者で、下肢または体幹機能障害の程度が1級のもの（常時介護を要する者に限る。）	（A）じょくそう防止または失禁による汚染もしくは損耗を防止するためマット〔寝具〕にビニール等を加工したもの （B）じょくそう予防を目的としたマット（寝具）	
	特殊尿器	給付・154,500円 〔耐用年数　5年〕	原則として学齢児以上の身体障害者手帳の交付を受けた者（児）で、下肢または体幹機能障害の程度が1級のもの（常時介護を要する者に限る。）	尿が自動的に吸引されるもので、障害者（児）または介護者が容易に使用し得るもの	耐用年数　5年
	入浴担架	給付・163,000円 和式 洋式 〔耐用年数　5年〕	原則として3歳以上の身体障害者手帳の交付を受けた者（児）で、下肢または体幹機能障害の程度が1級または2級のもの（入浴にあたって、家族等他人の介助を要する者に限る。）	障害者（児）を担架に乗せたままリフト装置により入浴させるもの	耐用年数　5年
	体位変換器	給付・15,000円 〔耐用年数　5年〕	原則として学齢児以上の身体障害者手帳の交付を受けた者（児）で、下肢または体幹機能障害の程度が1級または2級のもの （下着交換等に当って家族等他人の介護を必要とする者に限る。）	介護者が、障害者（児）の体位を変換させるのに容易に使用し得るもの	

参　考

種目	品目	区分等	対象者	性能	備考
介護・訓練支援用具	移動用リフト	給付・979,000円  （都・区） 〔耐用年数　4年〕	原則として3歳以上の身体障害者手帳の交付を受けた者（児）で、下肢または体幹機能障害の程度が1級または2級のもの	障害者（児）を移動させるに当たって、介護者が容易に使用し得るもの（ただし、天井走行型その他住宅改修を伴うものは除く。）	耐用年数　4年
	訓練いす（児のみ）	給付・33,100円  〔耐用年数　5年〕	原則として3歳以上18歳未満の身体障害者手帳の交付を受けた児童で、下肢または体幹機能障害の程度が1級または2級のもの	原則として付属のテーブルをつけるものとする。	
	訓練用ベッド（児のみ）	給付・162,800円 ―――――― 〔耐用年数　8年〕	東京都 「特殊寝台」と同じ。（ただし児童のみ）		＊東京都では、H18年9月まで、都の要綱上では「特殊寝台」に含んでいた。 ＊「特殊寝台」参照
自立生活支援用具	入浴補助用具	給付・90,000円  〔耐用年数　5年分割〕	原則として3歳以上の身体障害者手帳の交付を受けた者（児）であって、下肢または体幹機能障害者（児）で、入浴に介助を必要とするもの	入浴時の移動、座位の保持、浴槽への入水等を補助でき、障害者（児）または介護者が容易に使用し得るもの。ただし、設置に当たり住宅改修を伴うものを除く。	
	便器（ポータブルトイレ）	給付・16,500円 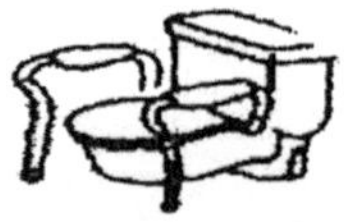 〔耐用年数　8年〕	原則として学齢児以上の身体障害者手帳の交付を受けた者（児）であって、下肢または体幹機能障害の程度が1級または2級のもの	手すりのついた腰かけ式のもの。ただし、取り替えに当たり住宅改修を伴うものを除く。	耐用年数　8年
	頭部保護帽	給付・12,160円  〔耐用年数　3年〕	知的障害者（児）で障害の程度が最重度または重度のもので、てんかんの発作等により頻繁に転倒するもの	転倒の衝撃から頭部を保護できるもの	H18年10月　以降、補装具から移行してきたものもあり。
		旧補装具・A：15,200円、B：36,750円  〔旧補装具：耐用年数　3年〕	身体障害者手帳の交付を受けた者で、下肢・体幹・平行機能障害により、起立・歩行時に頻繁に転倒する者。	「旧補装具種目の交付基準より」 ヘルメット型で、転倒の際に頭部を保護できる性能を有するもの。 A：スポンジ、革を主原料に製作 B：スポンジ、革、プラスチックを主原料に製作	

種目	品目	区分等	対象者	性 能	備 考
自立生活支援用具	歩行補助つえ	旧補装具「つえ」木材:2,200円、軽金属:3,000円 〔耐用年数 3年〕	身体障害者手帳の交付を受けた者で、下肢・体幹・平行機能障害により、歩行障害があり、支持が必要な状態の者。	「旧補装具種目の交付基準より」 「つえ」 (A) 主 体:木材(十分な強度を有するもの)、外装:ニス塗装 付属品:夜光材 (B) 主 体:軽金属、外装:塗装なし 付属品:夜光材	H18年10月より補装具から
	移動・移乗支援用具(名称変更) 支援用具	給付・120,000円 〔耐用年数 5年分割〕	原則として3歳以上の身体障害者手帳の交付を受けた者(児)で、平衡機能または下肢もしくは体幹機能障害を有するもので、家庭内の移動等において介助を必要とするもの	転倒予防、立ち上がり動作補助、移乗動作の補助、段差解消等の性能を有する手すり、スロープ等であって、必要な強度と安定性を有するもの。ただし、設置に当たり住宅改修を伴うものを除く。	
	特殊便器(温水洗浄便座)	給付・151,200円 〔耐用年数 8年〕	①原則として学齢児以上の知的障害者(児)で、障害の程度が最重度または重度の自ら排便の処理が困難なもの ②原則として学齢児以上の身体障害者手帳の交付を受けた者(児)であって、上肢障害の程度が1級または2級のもの	足踏ペタルで温水温風を出し得るもの及び知的障害者(児)を介護している者が容易に使用し得るもので温水温風を出し得るもの。ただし、取り替えに当たり住宅改修を伴うものを除く。	
	火災警報器	給付・31,000円 〔耐用年数 8年〕	①身体障害者手帳の交付を受けた者(児)で、その障害の程度が1級または2級のもの ②知的障害者(児)で、障害の程度が最重度または重度のもの (①・②のいずれも、火災発生の感知及び避難が著しく困難な障害者のみの世帯及びこれに準ずる世帯に限る。)	室内の火災を煙または熱により感知し、音または、光を発し屋外にも警報ブザーで知らせ得るもの	
	自動消火器	自動消火装置 給付・28,700円 〔耐用年数 8年〕	①身体障害者手帳の交付を受けた者(児)で、その障害の程度が1級または2級のもの ②知的障害者(児)で、障害の程度が最重度または重度のもの (①・②のいずれも、火災発生の感知及び避難が著しく困難な障害者のみの世帯及びこれに準ずる世帯に限る。)	室内温度の異常上昇または炎の接触で自動的に消化液を噴射し初期火災を消火し得るもの	

参　考

種目	品目	区分等	対象者	性　能	備　考
自立生活支援用具	電磁調理器	給付・41,000円 〔耐用年数　6年〕	①18歳以上の身体障害者手帳の交付を受けた者で、視覚障害の程度が１級または２級のもの ②18歳以上の身体障害者手帳の交付を受けた者で、上肢障害の程度が１級または２級のもの ③18歳以上の身体障害者手帳の交付を受けた者で、下肢または体幹機能障害の程度が１級のもの （①③④のいずれも障害者のみの世帯及びこれに準ずる世帯に限る。） ④18歳以上の知的障害者で、障害の程度が最重度または重度のもの 【都・対象拡大部分】 ②18歳以上の身体障害者手帳の交付を受けた者で、上肢障害の程度が１級または２級のもの ③18歳以上の身体障害者手帳の交付を受けた者で、下肢または体幹機能障害の程度が１級のもの （②③いずれも、障害者のみの世帯及びこれに準ずる世帯に限る。）	障害者が容易に使用し得るもの	耐用年数　6年
	歩行時間延長信号機用小型送信機	音響案内装置 給付・51,000円 〔耐用年数　10年〕	原則として学齢児以上の身体障害者手帳の交付を受けた者（児）で、視覚障害の程度が１級のもの	視覚障害者（児）が容易に使用し得るもの 送信機は、「歩行時間延長信号機用小型送信機」のこと	・耐用年数10年 ・都要綱では、「音響案内装置」 ・H18年迄は１級または２級（２級は送信機に限る）
	聴覚障害者用屋内信号装置	屋内信号装置 給付・87,400円 〔耐用年数　10年〕	18歳以上の身体障害者手帳の交付を受けた者で、聴覚障害の程度が２級のもの（聴覚障害者のみの世帯及びこれに準ずる世帯で日常生活上必要と認められる世帯に限る。）	音、音声等を視覚、触覚等により知覚できるもの	

種目	品目	区分等	対象者	性　能	備　考
在宅療養等支援用具	透析液加温器	給付・72,100円 〔耐用年数　5年〕	原則として3歳以上の身体障害者手帳の交付を受けた者（児）で、人工透析を必要とするもの（自己連続携行式腹膜潅流法による透析療法を行う者に限る。）	自己連続携行式腹膜潅流法による人工透析に使用する加温器で、一定温度に保つもの	耐用年数　5年
	ネプライザー（吸入器）	給付・36,000円 〔耐用年数　5年〕	原則として学齢児以上の身体障害者手帳の交付を受けた者（児）であって、呼吸器機能障害の程度が3級以上であるもの。または同程度の身体障害者（児）で必要と認められるもの	障害者（児）が容易に使用し得るもの	
	電気式たん吸引器	給付・56,400円 〔耐用年数　5年〕	上記と同じ	障害者（児）が容易に使用し得るもの	
	酸素ボンベ運搬車	給付・17,000円 〔耐用年数　10年〕	おおむね18歳以上の身体障害者手帳の交付を受けた者で、呼吸器機能障害の程度が原則として3級以上のもの（医療保険その他の制度による在宅酸素療法を受けている者及び本制度による酸素吸入装置の給付を受けた者に限る。）	障害者が容易に使用し得るもの	耐用年数　10年
	視覚障害者用体温計（音声式）	音声式体温計 給付・9,000円 〔耐用年数　5年〕	原則として学齢児以上の身体障害者手帳の交付を受けた者（児）で、視覚障害の程度が1級または2級のもの（視覚障害者のみの世帯及びこれに準ずる世帯に限る。）	視覚障害者（児）が容易に使用し得るもの	
	視覚障害者用体重計	給付・18,000円 〔耐用年数　5年〕	18歳以上の身体障害者手帳の交付を受けた者で、視覚障害の程度が1級または2級のもの（視覚障害者のみの世帯及びこれに準ずる世帯に限る。）	視覚障害者が容易に使用し得るもの	

参　考

種目	品目	区分等	対象者	性能	備考
情報・意思疎通支援用具	携帯用会話補助装置	給付・285,000円 〔耐用年数　5年〕	原則として学齢児以上の身体障害者手帳の交付を受けた者（児）で、音声機能もしくは言語障害者（児）または肢体不自由者（児）で、音声言語の著しい障害を有するもの	携帯式でことばを音声または文書に変換する機能を有し、障害者（児）が容易に使用し得るもの	耐用年数５年
	情報・通信支援用具※	※障害者向けのパーソナルコンピュータ周辺機器や、アプリケーションソフト等をいう。 厚生労働省：Q&A、日常生活用具参考例より			
	点字ディスプレイ	給付・383,500円 〔耐用年数　6年〕	18歳以上の視覚障害及び聴覚障害の重度重複障害者 （原則として視覚障害２級以上かつ聴覚障害２級の身体障害者であって、必要と認められるもの）	文字等のコンピューターの画面情報を点字等により示すことができるもの	
	点字器	旧補装具・標準型 A：10,400円、B：7,000円 携帯用 A：7,980円、B：1,650円 〔耐用年数　標準用７年・携帯用５年〕	身体障害者手帳の交付を受けた者で、視力の低下や視野狭窄がある状態の者。	「旧補装具種目の交付基準より」 標準型　A：32マス18行、両面書真鍮板製、B：32マス18行、両面書プラスチック製 付属品：点筆 携帯型　A：32マス４行、片面書アルミニューム製、B：32マス12行、片面書プラスチック製 付属品：点筆	＊新規 H18年10月より補装具から
	点字タイプライター	給付・130,000円 〔耐用年数　5年〕	身体障害者手帳の交付を受けた者（児）で、視覚障害の程度が１級または２級のもの （本人が就労もしくは就学しているか、あるいは就労が見込まれている者に限る。）	視覚障害者（児）が容易に操作できるもの	

種目	品目	区分等	対象者	性　能	備　考
情報・意思疎通支援用具	視覚障害者用ポータブルレコーダー	ポータブルレコーダー 給付・録音再生機85,000円 再生専用機48,000円 〔耐用年数　6年〕	原則として学齢児以上の身体障害者手帳の交付を受けた者（児）で、視覚障害に係る障害の程度が1級または2級のもの	①音声等により操作ボタンが知覚または認識でき、かつ、DAISY方式による録音並びに当該方式により記録された図書の再生が可能な製品であって、視覚障害者（児）が容易に操作し得るもの または、 ②音声等により操作ボタンが知覚または認識でき、かつ、DAISY方式により記録された図書の再生が可能な製品であって、視覚障害者（児）が容易に使用し得るもの	
	視覚障害者用活字文書読上げ装置	給付・99,800円 〔耐用年数　6年〕 一般文書読上げ装置 198,000円	原則として学齢児以上の身体障害者手帳の交付を受けた者（児）で、視覚障害の程度が1級または2級のもの	文字情報と同一紙面上に記載された当該文字情報を暗号化した情報を読み取り、音声信号に変換して出力する機能を有するもので、視覚障害者（児）が容易に使用し得るもの	
	視覚障害者用拡大読書器	給付・198,000円 〔耐用年数　8年〕	原則として学齢児以上の身体障害者手帳の交付を受けた視覚障害者（児）で、本装置により文字等を読むことが可能になるもの	画像入力装置を読みたいもの（印刷物等）の上に置くことで簡単に拡大された画像（文字等）をモニターに写し出せるもの	
	視覚障害者用時計	給付・音声式14,040円 触読式14,585円 〔耐用年数　10年〕	18歳以上の身体障害者手帳の交付を受けた者で、視覚障害の程度が1級または2級のもの （音声時計は、手指の触覚に障害がある等のため触読式の使用が困難な者を原則とする。）	視覚障害者が容易に使用し得るもの	
	聴覚障害者用通信装置	給付・A 40,000円 B 88,000円 〔耐用年数　5年〕	原則として学齢児以上の身体障害者手帳の交付を受けた者（児）で、聴覚または音声、言語機能に著しい障害を有し、コミュニケーション、緊急連絡等の手段として必要と認められるもの	一般の電話に接続することができ、音声の代わりに、文字等により通信が可能な機器であり障害者が容易に使用し得るもの （A）ファクシミリ （B）A以外	

参　考

種目	品目	区分等	対象者	性　能	備　考
情報・意思疎通支援用具	聴覚障害者用情報受信装置	情報受信装置 給付・88,900円 〔耐用年数　6年〕	原聴覚障害者（児）で、本装置によりテレビの視聴が可能になるもの	字幕及び手話通訳付きの聴覚障害者（児）用番組並びにテレビ番組に字幕及び手話通訳の映像を合成したものを画面に出力する機能を有し、かつ災害時の聴覚障害者（児）向け緊急信号を受信するもので、聴覚障害者（児）が容易に使用し得るもの	
	人工喉頭	電動式：70,100円 （A）8,100円 （B）5,060円 〔耐用年数　4年〕	身体障害者手帳の交付を受けた者で、無喉頭、発声筋麻痺等により音声を発することが困難な状態の者。	「旧補装具種目の交付基準より」 笛式：呼気によりゴム等の膜を振動させ、ビニール等の管を通じて音源を口腔内に導き構音化するもの。 付属品：気管カニューレ 電動式：顎下部等にあてた電動板を駆動させ、経皮的に音源を口腔内に導き構音化するもの。 付属品：電池、充電器 （A）気管カニューレ付 （B）気管カニューレ無	
	福祉電話（貸与）	貸与・83,300円 〔—〕	18歳以上の身体障害者手帳の交付を受けた難聴者または外出困難な者（原則として２級以上）であって、コミュニケーション、緊急連絡等の手段として必要性があると認められるもの （障害者のみの世帯及びこれに準ずる世帯で、前年分の所得税が非課税の世帯に限る。）		
	視覚障害者用ワードプロセッサー（共同利用）	共同利用・1,030,000円 〔—〕	原則として学齢児以上の視覚障害者（児） 別に定める「視覚障害者用ワードプロセッサー共同利用運営要綱」に基づき実施するものとする。	編集、校正機能を持ち日本点字表記法に基づき入力した文章を自動的に点字変換が可能で、点字プリンターとの連動により点字文書の作成及び音声化ができるもの	
	点字図書	給付・点字図書の価格 〔—〕	原則として学齢児以上の視覚障害者（児）で、主に情報の入手を点字によっているものとする。 別に定める「点字図書給付事業実施運営要綱」に基づき実施するものとする。	月刊や週刊等で発行される雑誌を除く点字図書とする。	

種目	品目	区分等	対象者	性 能	備 考
排泄管理支援用具	紙おむつ等（紙おむつ、サラシ・ガーゼ等衛生用品）収尿器 ストーマ装具（ストーマ用品、洗腸用具）	「ストマ用装具」 蓄便袋：8,600円 蓄尿袋：11,300円 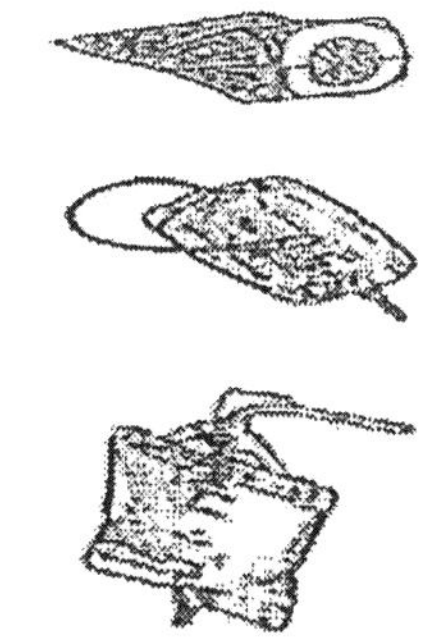	身体障害者手帳の交付を受けた者で、膀胱・直腸機能障害により、ストマを造設した者	「旧補装具種目の交付基準より」 蓄便袋：低刺激性の粘着剤を使用した密封型または下部開放型の収納袋とする。ラテックス製またはプラスチックフィルム製 付属品：皮膚保護剤、皮膚を身体に密着させるもの。 蓄尿袋：刺激性の粘着剤を使用した密封型の収尿袋で尿処理用のキャップ付とする。ラテックス製またはプラスチックフィルム製 付属品：皮膚保護剤、皮膚を身体に密着させるもの。	
		「収尿器」： 男性用A：7,700円、 B：5,700円 女性用A：8,500円、 B：5,900円 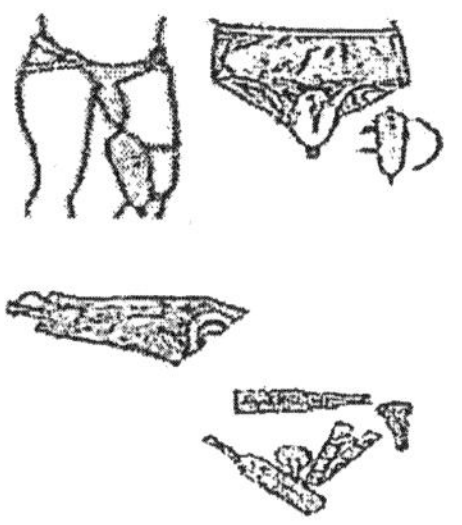	身体障害者手帳の交付を受けた者で、膀胱機能障害により、排尿のコントロールが困難な者、尿路変更のストマを造設した者	「旧補装具種目の交付基準より」 男性用 採尿器と蓄尿袋で構成し、尿の逆流防止装置をつけることとする。ラテックス製またはゴム製。A普通型、B簡易型 女性用 A普通型：耐久性ゴム製採尿袋を有するもの。 B簡易型：ポリエチレン製の採尿袋導尿ゴム管付。	
住宅改修費	居宅生活動作補助用具	【旧・重度身体障害者（児）住宅設備改善費給付事業実施要綱（東京都）より】 次に掲げる改修を伴う用具の購入費、及び改修工事 （1） 手すりの取付け （2） 段差の解消 （3） 滑り防止及び移動の円滑化等のための床または通路面の材料の変更 （4） 引き戸等への扉の取替え （5） 洋式便器等への便器の取替え （6） その他前各号の住宅改修に付帯して必要となる住宅改修	【旧・重度身体障害者（児）住宅設備改善費給付事業実施要綱（東京都）より】 学齢児以上65歳未満で、下肢または体幹に係る障害の程度が3級以上の者及び補装具としての車いすの交付を受けた内部障害者（ただし、特殊便器への取替えについては上肢障害2級以上の者）	――	H18年10月より、従来の「重度身体障害者（児）住宅設備改善費給付事業」の「小規模改修」が移行

参　考

種目	品目	区分等	対象者	性　能	備　考
	浴槽(湯沸器含む)（※都単独種目）		原則として学齢児以上の身体障害者手帳の交付を受けた者（児）であって、下肢または体幹機能障害の程度が１級または２級のもの	浴槽は実用水量150リットル以上のもの。湯沸器は水温25℃上昇させたとき毎分10リットル以上給湯でき、安全性について配慮され、浴槽の性能に応じたもの	耐用年数　８年
	フラッシュベル（※都単独種目）		原則として学齢児以上の身体障害者手帳の交付を受けた者（児）で、聴覚または音声、言語機能障害の程度が３級以上のもの	障害者（児）が容易に使用し得るもの	耐用年数　10年
	会議用拡聴器（※都単独種目）		原則として学齢児以上の身体障害者手帳の交付を受けた者（児）で、聴覚障害の程度が４級以上のもの	障害者（児）が容易に使用し得るもの	耐用年数　６年
	携帯用信号装置（※都単独種目）		原則として学齢児以上の身体障害者手帳の交付を受けた者（児）で、聴覚または音声、言語機能障害の程度が３級以上のもの	送信機による合図が、視覚、触覚等により知覚できるもの	耐用年数　６年
	ガス安全システム（※都単独種目）		①18歳以上の身体障害者手帳の交付を受けた者で、喉頭摘出等により臭覚機能を喪失したもの（喉頭摘出等により臭覚機能を喪失した者のみの世帯及びこれに準ずる世帯に限る。）②18歳以上の身体障害者手帳の交付を受けた者で、下肢または体幹機能障害の程度が１級のもの（障害者のみの世帯及びこれに準ずる世帯に限る。）	警報器からの遮断信号、ガスの異常使用、地震時等にガスを自動的に遮断できるもの	耐用年数　８年
	酸素吸入装置（※都単独種目）		おおむね18歳以上の身体障害者手帳の交付を受けた者で、呼吸器機能障害の程度が原則として３級以上のもの（医療保険その他の制度による在宅酸素療法に該当しない者で、医師により酸素吸入装置の使用を認められたものに限る。）	酸素ボンベ、スタンド、吸入マスクを一体とするもの	耐用年数　10年

種目	品目	区分等	対象者	性　能	備　考
	空気清浄機（※都単独種目）		18歳以上の身体障害者手帳の交付を受けた者で、呼吸機能障害の程度が３級以上のもの	障害者が容易に使用し得るもの	耐用年数　6年
	ルームクーラー（※都単独種目）		18歳以上の身体障害者手帳の交付を受けた者で、頸髄損傷等により体温調節機能を喪失したもの（医師により、体温調節機能を喪失したものと認められた者に限る。）	障害者が容易に使用し得るもの	耐用年数　6年

注：2006（平成18）年9月末日までの区分・対象者・性能をもとに、①介護・訓練支援用具、②自立生活支援用具、③在宅療養等支用具、④情報・意思疎通支援用具、⑤排泄管理支援用具、⑥居宅生活動作補助具（住宅改修）の6種目順に掲載し、さらに、東京都の障害者施策推進区市町村包括補助事業における品目等も追加した。
　掲載順は、日常生活用具参考例の種目・品目に準じている。

出典：（財）東京都高齢者研究・福祉振興財団「障害者自立支援法　日常生活用具給付等事業の対象種目とその参考例、及び東京都重度心身障害者（児）日常生活用具給付事業の参考品目について【参考資料】」より。

協力企業

[ア～オ]

- アイ・ソネックス㈱ ……………… https://www.nasent.net
- アビリティーズ・ケアネット㈱ ……………… https://www.abilities.jp
- アルジョ・ジャパン㈱ ……………… https://www.arjo.com/ja-jp/
- アロン化成㈱ ……………… https://www.aronkasei.co.jp/anju/
- ㈱いうら ……………… https://www.iura.co.jp
- ㈱イーストアイ ……………… www.easti.co.jp
- ㈱今仙技術研究所 ……………… https://www.imasengiken.co.jp
- ㈱ウィズ ……………… https://www.hello-with.com
- ウィズワン㈱ ……………… https://www.withone1930.co.jp
- WHILL(ウィル)㈱ ……………… https://whill.inc/jp/
- ㈱ウェル・ネット研究所 ……………… https://www.wellnet-labo.co.jp
- ㈱エクセルエンジニアリング ……………… https://www.excel-jpn.com
- オカモト㈱ ……………… https://www.okamoto-inc.jp
- オットーボック・ジャパン㈱ ……………… https://www.ottobock.com/ja-jp

[カ～コ]

- ㈱加地 ……………… https://exgel.jp/jpn/
- ㈱カワベコーポレーション ……………… https://mypita-kc.com
- ㈱カワムラサイクル ……………… https://www.kawamura-cycle.co.jp
- ㈱キュラコジャパン ……………… https://www.curaco.co.kr/jpn/
- キヨタ㈱ ……………… https://www.kiyota-and.co.jp
- クリスタル産業㈱ ……………… https://www.cryscare.co.jp
- ㈱ケープ ……………… https://www.cape.co.jp
- 弘進ゴム㈱ ……………… http://kohshin-grp.co.jp
- ㈱幸和製作所 ……………… https://kowa-seisakusho.co.jp
- ㈱コムラ製作所 ……………… https://komura.co.jp

[サ～ソ]

- 相模ゴム工業㈱ ………………………………… http://www.sagami-gomu.co.jp
- ㈲サテライト
- サンライズメディカルジャパン㈱ ………………… https://sunrisemedical-japan.jp
- シーホネンス㈱ ……………………………………https://www.seahonence.co.jp
- ㈱シコク ………………………………………………… https://www.sk-shikoku.co.jp
- ㈱島製作所 ……………………………………… http://www.shima-seisakusyo.com
- シンエイテクノ㈱ …………………………………………… https://diamat.jp
- 新光産業㈱ ……………………………………… https://www.shinkosangyo-as.com
- スズキ㈱ ……………………………………………………… https://www.suzuki.co.jp
- ㈱星光医療器製作所 ……………………………… https://www.seiko-aruko.jp
- ㈱セリオ ………………………………………………………… https://serio888.net

[タ～ト]

- ㈱タイカ ……………………………………………………… https://taica.co.jp/pla/
- タカノ㈱ ………………………………………………… http://www.takano-hw.com
- ㈱竹虎 ………………………………………………… https://www.taketora-web.com
- 竹中エンジニアリング㈱ ……………………………… https://hc.takex-eng.co.jp
- 田辺プレス㈱ …………………………… ocs.sanjo-school.net/rs/stores/17/special
- ㈱ダンロップホームプロダクツ ……………………… http://www.dhp-dunlop.co.jp
- (公財)テクノエイド協会 …………………………… https://www.techno-aids.or.jp
- ㈱テクノスジャパン ……………………………………… http://technosjapan.jp
- DIPPER ホクメイ㈱ ……………………………… http://dipper-hokumei.co.jp
- TOTO ㈱ ………………………………………………………… https://jp.toto.com
- トライリンクス㈱ ………………………………………… https://www.tri-links.com
- トリプル・ダブリュー・ジャパン㈱ …………………… https://dfree.biz/homecare/

協力企業

[ナ～ノ]

- ナブテスコ㈱ ……………… https://welfare.nabtesco.com
- 日進医療器㈱ ……………… https://www.wheelchair.co.jp
- 日本セイフティー㈱ ……………… https://wrappon.com

[ハ～ホ]

- パシフィックサプライ㈱ ……………… https://www.p-supply.co.jp
- パナソニックエイジフリー㈱ ……………… https://sumai.panasonic.jp/agefree/
- パラマウントベッド㈱ ……………… https://www.paramount.co.jp
- ㈱バイオシルバー ……………… http://www.biosilver.co.jp
- ファンディーナ㈱ ……………… https://fundina.co.jp
- ㈱ＦＵＪＩ ……………… https://www.fuji.co.jp/about/hug/
- フジホーム㈱ ……………… http://www.fujihome.co.jp
- ㈱プラッツ ……………… https://www.platz-ltd.co.jp
- フランスベッド㈱ ……………… https://medical.francebed.co.jp
- ㈱プロモート ……………… https://www.promote-med.com
- ペルモビール㈱ ……………… https://permobilkk.jp

[マ～モ]

- ㈱マキテック ……………… https://www.makitech.co.jp
- ㈱松永製作所 ……………… https://www.matsunaga-w.co.jp
- マツ六㈱ ……………… https://www.mazroc.co.jp
- ㈱ミキ ……………… https://www.kurumaisu-miki.co.jp
- ㈱ミクニ　ライフ＆オート ……………… https://www.mikuni-la.co.jp
- 明電興産㈱ ……………… https://www.meidensha.co.jp/ksn/
- ㈱モリトー ……………… http://www.moritoh.co.jp

[ヤ～ヨ]

- 矢崎化工㈱ ………………………………………………… https://www.yazaki.co.jp
- 山崎産業㈱ …………………………………… https://www.yamazaki-sangyo.co.jp
- ヤマハ発動機㈱ ……………………… https://www.yamaha-motor.co.jp/wheelchair/
- ㈱ユーキ・トレーディング ……………………………… https://www.yukitrading.com
- ユーバ産業㈱ ……………………………………………………… http://www.uber.co.jp

[ラ～ロ]

- ㈱ライフ ………………………………………………………… https://lifeheart.co.jp
- ラックヘルスケア㈱ ………………………………… https://www.ing-professional.com
- ㈱ランダルコーポレーション ………………………………… https://www.lundal.co.jp
- ㈱リッチェル …………………………………………………… https://www.richell.co.jp

著者紹介

和田　光一（わだ　こういち）
創価大学　名誉教授

1977年東京都に入庁。障害者（高齢障害も含む）施設でケースワーカーとして相談業務に従事した後、東京都補装具研究所で福祉機器の開発、普及・適合や制度に関する業務を担当。また、東京都福祉機器総合センターの立ち上げと同時に、主任相談員として福祉機器関係の制度と住宅改修制度についてシステム化を行った実績を持つ。
その後、社会福祉制度について大学で教育に携わる一方、厚生労働省及び東京都等の介護保険制度や福祉用具住宅改修等に関する各種委員会の検討に学識経験者として参画するなど、福祉・介護分野で広く活躍している。
東京都福祉保健財団では、福祉用具選定委員会・次世代介護機器選定委員会の委員長も務めている。

知って得する見分け方
福祉用具の給付と選定

2023年3月　初版第1刷発行

発行　公益財団法人　東京都福祉保健財団
〒163-0713　東京都新宿区西新宿2-7-1　小田急第一生命ビル13階
TEL:03-3344-8632　FAX:03-3344-8594
URL:https://www.fukushizaidan.jp/

印刷・製本　第一企画株式会社

ISBN 978-4-902042-60-3